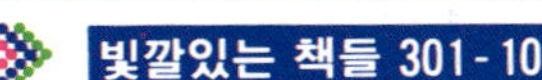

빛깔있는 책들 301-10

한국의 호수

글/김추윤 ● 사진/손재식

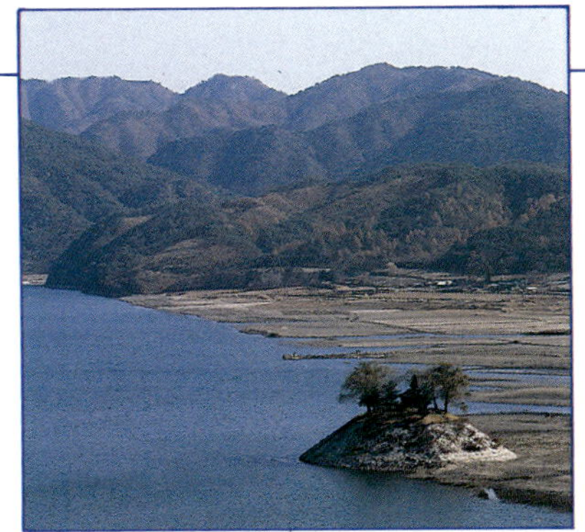

대원사

김추윤 ────────────

충남 당진 출생으로 청주대학교, 건국
대학교 대학원 석사 과정 및 박사
과정을 졸업하고 이학박사 학위를
취득하였다. 건국대, 서울여대, 상지
대 강사를 거쳐서 현재 신흥전문대학
지적과 교수로 있으며 한국동굴학회
이사, 한국지리교육학회 기획부장,
한국관광지리학회 출판부장을 맡고
있다. 주요 논문으로는 '서울시 생활
용수 수요분석' '청주시의 공업용수에
관한 연구' '한국의 자연호수' 등이 있
고 공저서로는 「당진군지」「관광지
리학」 등이 있다.

손재식 ────────────

신구전문대학교 사진학과를 졸업했
고, 대림산업 홍보과와 대원사 사진부
에서 근무하였으며, 지금은 프리랜서
로 일하고 있다. 85년 유럽 알프스
촬영 등반, 87년 네팔 히말라야 에베
레스트 촬영 등반 보고전을 가진 바
있으며, 사진집으로 「한국 호랑이
민예 도록」이 있다.

한국의 호수

한국의 호수

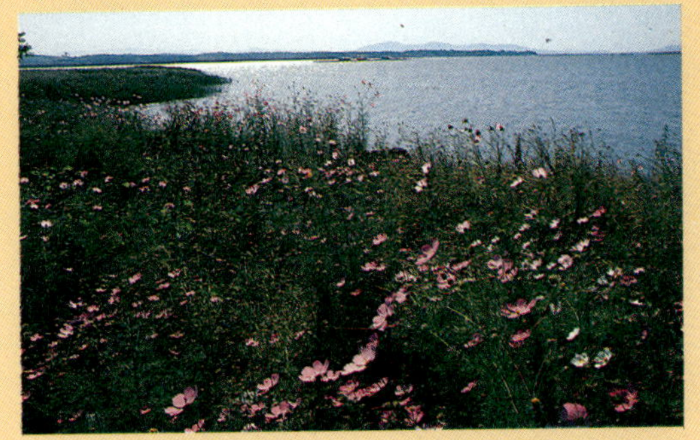

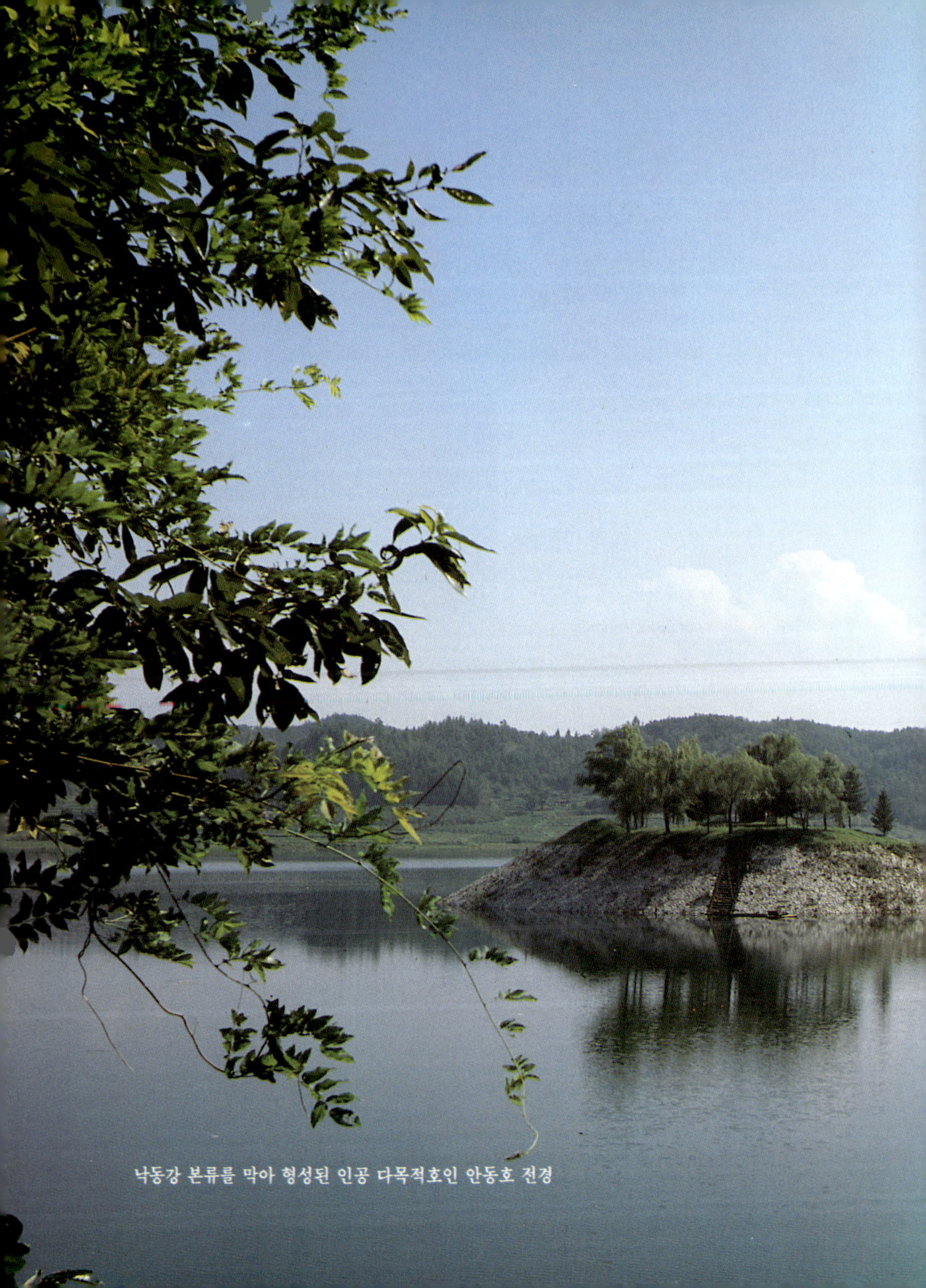

낙동강 본류를 막아 형성된 인공 다목적호인 안동호 전경

호수란 무엇인가

 호수는 예부터 인간 생활과 밀접한 공존 관계를 유지해 왔다.
 호수는 인류가 살아가는 데 꼭 필요한 생명의 근원이라 할 수 있는 물을 대주는 젖줄일 뿐 아니라 담수어 제공, 관광지 역할, 교통로 제공, 상수도원, 정신적인 안정과 아름다움을 느끼게 해주고 수력 발전, 관개 용수 등 유익한 많은 것들을 우리 인류에게 제공해 주고 있다.

　　호수는 우리 인류에게 자연에 대한 감각을 넓혀 주고 주위의 세계와 조화를 이루며 사는 법을 가르쳐 준다. 자연 호수에는 또 우리 선조들의 끈끈한 얼이 담긴 전설, 시문 등이 많다.

　　호수는 생물권에서 일어나는 모든 변화와 조화 곧 생물의 진화와 퇴화 현상이 종합적으로 일어나는 곳이기에 소우주라고 부른다. 이런 소우주의 세계를 열심히 지키는 비버(beaver)라는 동물이 있다. 이 동물은 진흙과 나뭇가지를 가지고 최대 길이 550미터, 높이 3.5미터의 자연댐을 만들어 호수를 만들고 물의 흐름을 조절하여 토양 침식을 막기도 한다. 그래서 어느 자연 보호 운동가는 "비버는 품삯 한 푼 받지 않고 5천 달러의 가치있는 댐을 만들어 준다"라고 말하기도 했다. 비버는 자연 호수를 만들고 있는데 호수를 이용하는 우리 인간은 그것을 파괴하고 있으니 참으로 시사하는 바가 크다.

　　1984년 8월 이웃 일본에서 개최된 세계 호수 환경 회의에서 채택된 "호수는 문명을 비추는 거울이다. 우리들은 미래의 인류를 위하여 호수를 건전한 상태로 보존할 필요가 있다"라는 결의문을 음미해 볼 필요가 있다.

　　지금 이 순간에도 많은 자연 호수들이 토사의 퇴적, 농경지로의 개답, 국토 건설 등으로 인하여 지구상에서 사라지고 있다. 따라서 전국에 산재된 자연 호수를 찾아내서 생물학적, 수문학적, 지리학적, 문학적 측면에서 종합적으로 접근하여 자연 호수가 국토상에서 사라지기 전에 「자연호수지(自然湖水誌)」를 만들어야 한다. 우리는 이제라도 늦게나마 자연 호수에 관심을 가지고 보존 대책을 서둘러야겠다.

비버가 나뭇가지와 진흙과 자갈을 물어다 만든 자연호이다. 알래스카.(옆면 위).
해리(海狸)라 불리는 비버가 자연호의 제방을 나뭇가지로 수리하고 있다.(옆면 아래)

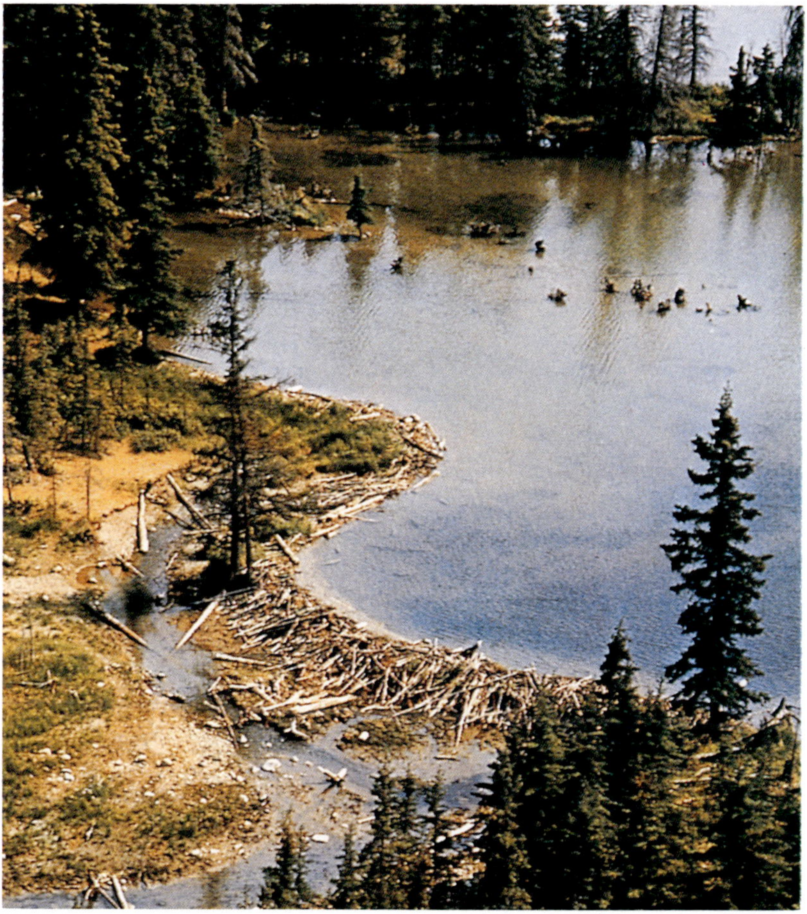

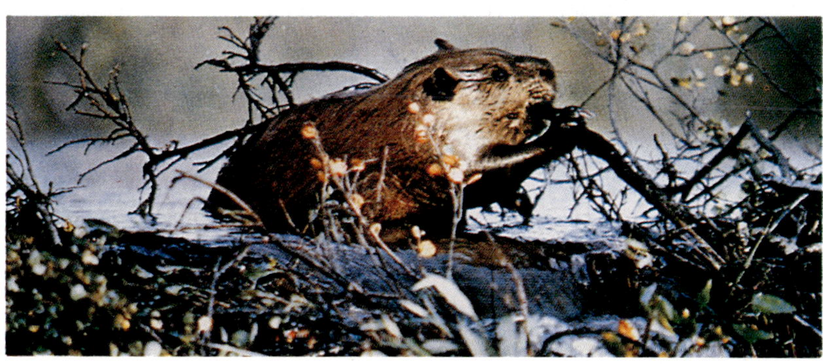

호수의 정의

호수란 라틴어의 수조(水槽)를 뜻하는 러커스(Lacus)에서 유래했다. 호수는 원칙적으로 바다와 직접 연결되지 않은 지표의 와지(窪地;오목하게 패어 웅덩이가 된 땅)에 위치하는 정수괴(静水塊)의 총칭으로 대부분 담수로 되어 있지만 사해나 볼리비아의 우유니호처럼 염수로 되어 있는 것도 있다. 또 해안 지역에서는 좁은 유출입의 수로를 갖고 있어 담수와 염수가 혼합되어 있는 곳도 있다.

호수는 배수구를 갖고 있지만 전체적으로 보면 폐쇄 구역이기에 주위로부터 독립하여 물의 지학, 물리, 화학, 생물학적 현상이 일어나 독자적 생태계를 유지한다.

호수는 분지와 수체(水體)의 두 부문으로 구성되어 있어 외관상 간단하지만 내부는 복잡하여 호수를 명확하게 정의하기가 어렵다. 보통 스위스의 호수학자 포렐(F.A. Forel, 1892년)이 식생과 수심에 착안해서 구분한 방법이 널리 이용되고 있다. 그는 다음과 같이 호수의 개념을 정리하였다.

호(湖)는 내륙의 요지(凹地)에 물이 고인 정수괴로서 대형 수생 식물이 연안에만 자라며 중앙부가 5 내지 6미터 이상의 수심을 유지하여 연안 식물이 침입하지 못한다. 소(沼)는 호보다 수심이 낮아 5미터 이내인데 보통 1 내지 3미터가 대부분이고 침수 식물이 호심(湖心)까지 침입하여 도처에서 번식한다. 소택(沼澤)은 소보다 수심이 더욱 얕아 최심부가 1미터 이하이고 정수 식물이 도처에서 번식한다.

'줌버지(Zumberge)'는 크기에 관계없이 물로 채워진 내륙 분지를, '웰치(Welch)'는 호파에 의해서 빈약하나마 호안이 생성될 수 있을 정도로 크고 수심이 깊은 개방된 지역을 말하고 '소'는 매우 작고 얕은 정지된 수체와 고등 수생 식물이 광범위하게 자라는 곳이

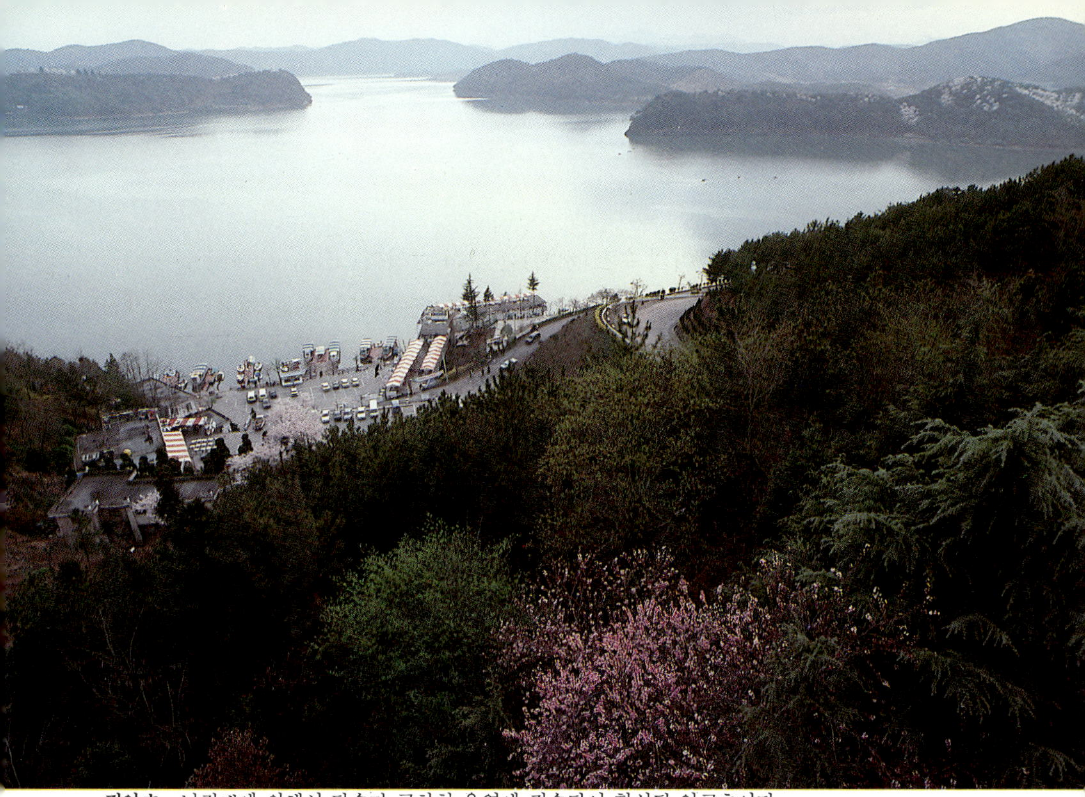

진양호　남강댐에 의해서 담수가 구하천 유역에 집수되어 형성된 인공호이다.

라 했다.

생태학적 관점에서 보면 호와 소는 모두 정체된 물을 가지고 있지만 호는 광합성 작용을 일으키는 햇빛이 호저(湖底)에 도달할 수 있는 수체를 가진 곳이다.

습지를 나타내는 스웸프(Swamp), 마쉬(Marsh), 보그(Bog), 팬(Fen)은 일반적으로 동의어로 사용되나 학문적으로는 서로 다른 개념을 갖는다. 스미스(Smith, 1966년)는 북미에서의 연구 자료를 이용하여 소택은 마쉬(沼澤)와 스웸프(沼澤林)로, 이탄 습원(泥炭濕原)은 팬(低位泥炭濕原)과 보그(물이끼 泥炭濕原)로 나누었다.

호수의 명칭

한국에서는 호수를 가리키는 명칭이 규모, 수심, 식생 등에 관계없이 그 지역의 관습, 시대적 상황, 역사적 전통에 따라 이름을 지었다. 한국에서 호수를 가리키는 단어는 호(湖), 포(浦), 지(池), 연(淵), 택(澤), 담(潭), 연(困) 등이 있다.

호는 원래 큰 둑으로 둘러싸인 인공적인 커다란 못을 뜻하나 현재는 호수를 가리키는 일반어로 사용되고 있다. 옛날에는 호가 포, 만과 같이 바닷가나 물가의 땅이란 의미로 많이 사용되었다.

「동국여지비고(東國輿地備攷)」권2 '한성부 산천조'를 보면 "두모포 재성도 동남십리 칭동호(豆毛浦在城都東南十里稱東湖)"라 하여 현재의 서울 성동구 옥수동 일대가 움푹 들어가서 두뭇개(豆毛浦) 또는 동호(東湖)로 불렸다. 이 밖에도 서울에서는 '포'를 나타내는 '호' 지명이 많은데 용산의 남호(南湖), 마포의 서호(西湖) 등이 이런 예이다.

이중환(1690~1752년)의 「택리지(擇里志)」에도 "내포즉아산공세호 덕산유궁포 수대이원장(內浦則牙山貢稅湖德山由宮浦水大而源長)"이란 기록이 있는데 여기의 '공세호'는 현재의 호수와 같이 폐쇄된 와지가 아니고 옛 아산만을 가리키는 것이다. 곧 그 당시 아산만의 해수가 안성 부근까지 쑥 들어와서 어항처럼 생기고, 아산군 인주면 공세리에 공세곶창이 있는 큰 항구가 있었기 때문에 붙여진 이름이다.

포는 원래 개, 포구 등을 뜻하는데 다른 한편 만처럼 육지 쪽으로 쑥 들어온 곳으로 고어의 호와 같은 뜻으로 쓰인다.

정약용(1762~1836년)의 「아언각비(雅言覺非)」에 나오는 "차호 위강용호여포 독주왈동호 빙고왈빙호 동작왈동호…… 범주해지빈 임수지지실명위호(次湖爲江用湖如浦 纛州曰東湖 氷庫曰氷湖 銅雀曰銅

湖…… 凡注海之濱臨水之地悉名爲湖)"라는 글의 뜻을 보면 "호(湖)는 강이나 포와 같은 뜻으로, '독주'는 '동호', '빙고'는 '빙호', '동작'은 '동호'라 한다. 바다로 유입하는 빈(濱)이나 물가의 땅은 모두 호라고 한다"는 것이다.

지는 수전 농업 중심에서 관개 용수 확보를 위해서 제언(堤堰)에 의해 생긴 저수지 또는 못으로 일반적으로 규모가 호보다 작다.

담은 원래 물이 깨끗하고 깊은 '소'나 '못'의 뜻으로 '지'와 그다지 구분되지 않고 혼용되고 있다. '소'는 '지'보다 규모가 더 작은 논에 물을 대어 주는 유지(溜池)를 의미한다.

연(淵)은 물이 고여 있는 깊은 못을 말하며 규모가 아주 작은데 한국에서 용연(龍淵) 계통의 지명이 많다.

표1. 한국 자연호의 명칭별 분류

명칭	한국의 자연호
포(浦)	천아포(天鵝浦), 강동포(江洞浦), 화진포(花津浦), 경포(鏡浦), 서번포(西藩浦), 동번포(東藩浦), 만포(晚浦), 삼일포(三日浦), 하포(下浦), 상포(上浦), 범포(泛浦), 장련포(杖蓮浦), 신광포(新光浦), 두무포(斗武浦), 우포(牛浦), 목포(木浦), 호포(狐浦), 사지포(沙旨浦), 사몰포(蛇没浦), 당포(唐浦), 범포(范浦), 상포(桑浦), 몽상포(蒙祥浦), 김포(金浦), 광포(廣浦)
호(湖)	송지호(松池湖), 소동정호(小洞庭湖), 영랑호(永郞湖), 청초호(靑草湖), 향호(香湖), 장연호(長淵湖), 감호(鑑湖), 시중호(侍中湖), 매호(梅湖), 풍호(楓湖), 금호(錦湖), 은호(銀湖), 도호(島湖), 응암호(鷹岩湖), 연호(蓮湖), 용호(龍湖), 신당호(新塘湖), 석곡호(石谷湖), 장척호(丈尺湖), 속기호(速氣湖), 용두호(龍頭湖), 순호(筍湖), 남호(南湖), 동호(東湖), 용수호(龍水湖), 무계호(武溪湖)
연(洇, 困)	현금연(弦琴困), 대연(大困), 연덕(困德), 연포(困浦)
연(淵)	삼지연(三池淵), 용연(龍淵), 사연(泗淵)
지(池)	천지(天池), 정양지(正陽池), 연당진(蓮塘津), 용주지(龍洲池), 장승지(長承池), 율목지(栗木池), 답곡지(畓谷池), 조지지(鳥枝池), 가명지(茄明池), 아포지(鵝浦池), 월포지(月浦池), 마을지(磨乙池), 신장리지(新獐里池), 적지(赤池), 원지(圓池)
담(潭)	백록담(白鹿潭), 화담(花潭, 花津浦), 용왕담(龍王潭, 天池), 장담(丈潭), 현담(玄潭)
택(澤)	대택(大澤), 택파원(澤波原)

연(淵)은 연자(淵字)의 고어로 약자로는 연(囦)으로 쓰며 '늪'으로 읽는 경우도 많다. 보통 물이 고여 있는 습지에 많이 사용되며 북한 지방에 편재한다. 이것은 북쪽 지방이 냉대 기후로 증발량이 적기 때문에 습지가 많은 까닭이다.

택(澤)은 평지보다 약간 얕고 물이 고여 있는 소택지를 말한다. 백무선 대택역은 해발 1,400미터의 고지에 대택(大澤)이란 소택지가 있어서 붙여진 명칭이다. 여진말로는 호수를 '어랑'이라 부르는데 함경북도 경성군 어랑면의 어랑5호는 여기서 유래한 것이다.

외국에서도 호소(湖沼)에 대해서 명확한 구분없이 사용되고 있다. 이웃 일본에서도 마루누마(丸沼), 후카미이케(深見池), 비와코(琵琶湖), 기타우라(北浦), 나카 우미(中海), 이찌노메가타(1の目潟) 등 다양한 이름이 사용되고 있다.

호수를 가리키는 지방 이름으로는 북해도 지방의 토(ト), 군마현의 노(ノ) 또는 누(ヌ), 남방 제도의 미요(ミヨ), 기타 지방의 타마리(タマリ) 등이 있다.

중국은 국토가 광대해서 각 지역의 습관이나 음역 방법에 따라 호수를 가리키는 이름이 다른데 약 30가지가 있다.

태호(太湖) 유역에서는 땅(蕩), 양(漾), 탕(塘), 지우(汊), 송요(松遼) 평원 지역에서는 파오(泡), 시앤파오즈(鹹泡子), 내몽고 지역에서는 누오르(諾爾), 하이즈(海子), 신강(新疆) 지방에서는 쿠르(庫爾), 티베트 지방에서는 추오(錯), 차이카(茶卡) 등으로 부른다.

호소학을 나타내는 림나러지(Limnology)도 그리스어의 림네(Limne;湖)와 러지(logy;學)에서 유래했다.

세계 각국의 호수를 나타내는 단어를 열거하면 다음과 같다.

영국과 웨일즈에서는 Liyn, Water, Mere, 스코틀랜드에서는 Loch, 아일랜드에서는 Lough, 독일에서는 See, Maar, Meer, 네덜란드에서는 Zee, 덴마크에서는 Sö이며 스웨덴에서는 Sjö, 노르웨이에서는

Vatn, 핀란드에서는 Järvi, 러시아에서는 Ozero, 프랑스에서는 Lac, Mer, 이탈리아에서는 Lago, 티베트 부근에서는 Nor, 아프리카 중부에서는 Nyanza, 자바에서는 Ranau, 파리에서는 Ranu, 북해도 아이누에서는 ㅏ, 대만에서는 潭 등이다.

호수를 나타내는 일반적인 명칭이 각 국가와 지방에 따라 다르듯이 호수 이름을 명명할 때도 역사적 사실, 전설, 위치, 크기 등을 참조하여 붙인다.

표2. 한국 자연호의 명명 사유

호수명	명명 사유
시중호(侍中湖)	한명회가 감사(監司)로 있을 때 호수가에서 잔치를 벌이고 있었는데 때마침 시중(侍中) 벼슬에 임명되었다는 전갈이 와서 마을 사람들이 시중호라 함.
삼일포(三日浦)	신라의 영랑, 술랑, 남석랑, 안상랑 등 네 화랑이 이곳에서 삼일(三日) 동안 쉬면서 도를 깨쳐서 신선이 되어 갔다 하여 사선정(四仙亭)을 세우고 삼일포라 함.
경포(鏡浦)	호수가 깊지는 않으나 물 빛깔이 거울(鏡)같이 맑다 하여 경포라 함.
삼지연(三池淵)	주위 7개의 호수 가운데 언제나 물이 고여 있는 3개의 호수만 가지런히 놓여 있다 하여 삼지연이라 함.
광포(廣浦)	바다같이 크고 넓은(廣) 자연 호수라 하여 광포라 함.
화진포(花津浦)	호수의 해변가 모래땅에 해당화(海堂花)가 만발한 호수라 하여 화담 또는 화진포라 함.
송지호(松池湖)	호수 주변에 송림(松林)이 울창한 호수라 송지호라 함.
영랑호(永郎湖)	신라의 화랑도 영랑(永郎)이 이 호수의 아름다움에 반해 오랫동안 머물렀다 하여 영랑호라 함.
백록담(白鹿潭)	태고적 신선을 태우고 노니던 하얀 사슴(白鹿)이 먹던 물이라 백록담이라 함.
천지(天池)	천지 창조의 신비함을 간직한 천상(天上)의 호수라 천지라 함.
적지(赤池)	호수의 물 빛깔이 붉게 나타난다 하여 적지라 함.
하포(下浦)	영흥군 고령면과 호도면 사이에 있는 석호로 상포(上浦) 밑에 있는 호수이므로 하포라 함.
은호(銀湖)	함남 단천군 파도면 은호리에 있는 석호로 호수물이 은빛같다 하여 은호라 함.
우포(牛浦)	소의 형상을 한 우항산(牛項山) 밑에 있는 호수이므로 우포라 함.

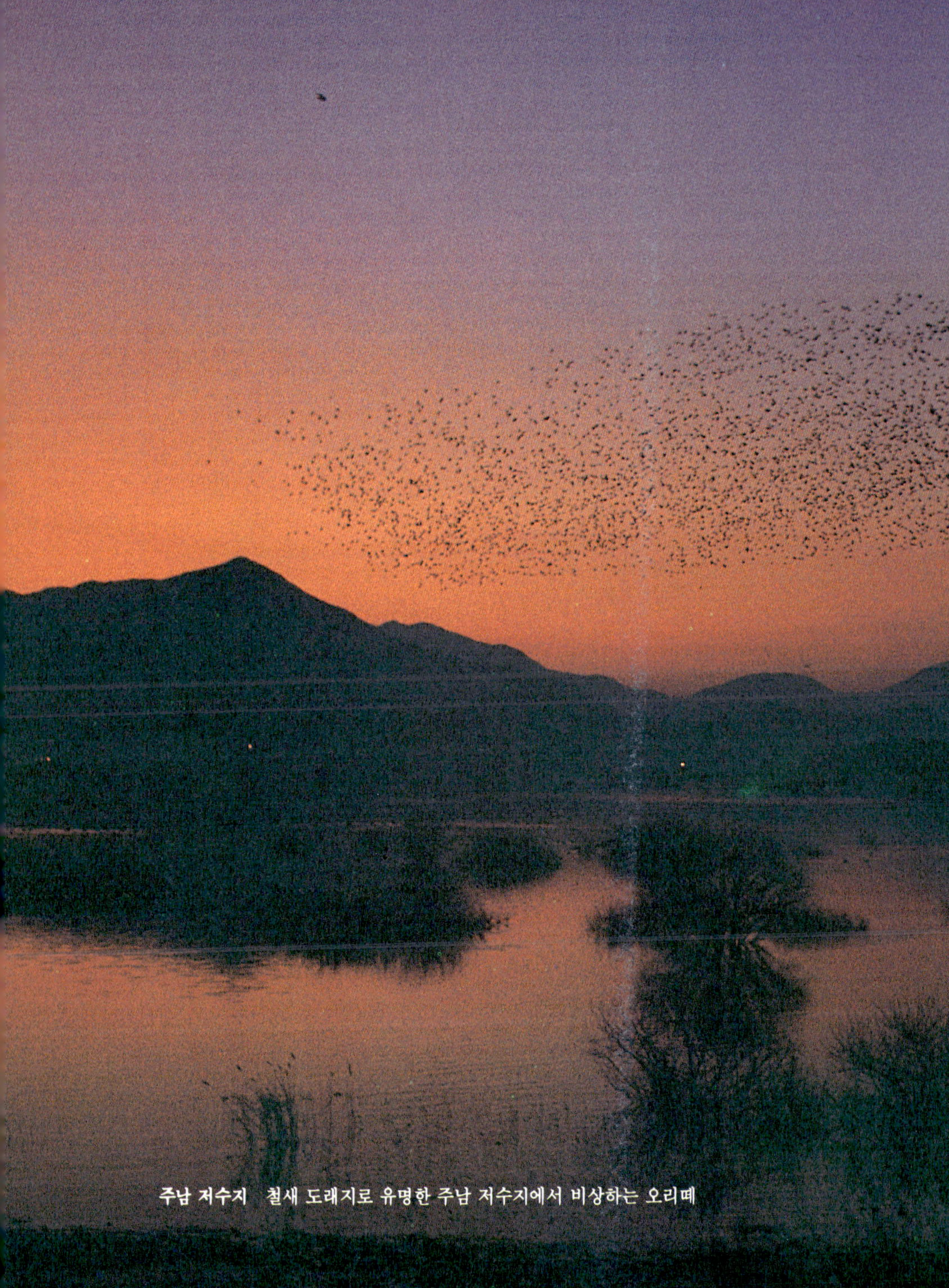

주남 저수지 철새 도래지로 유명한 주남 저수지에서 비상하는 오리떼

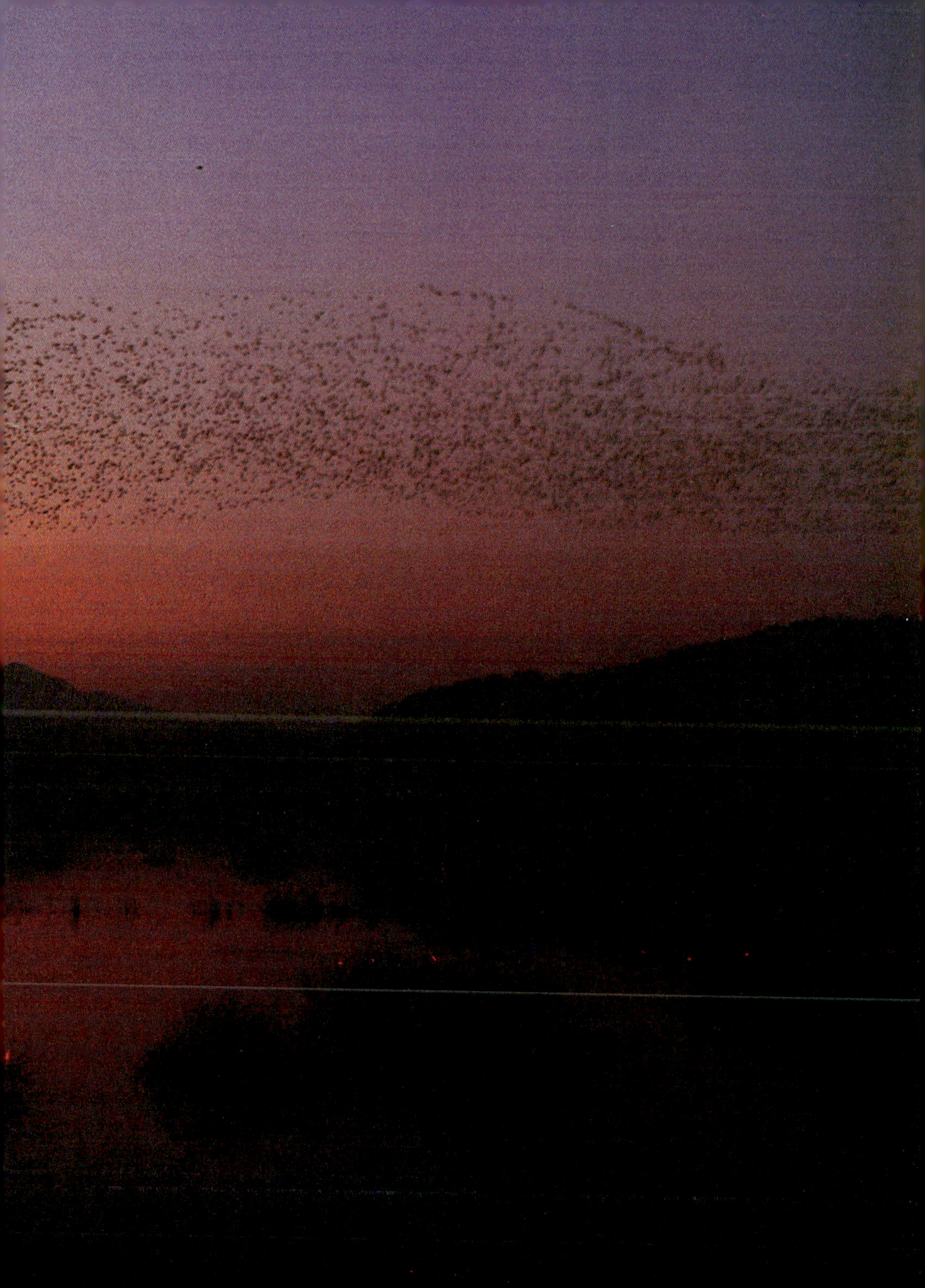

호수의 분포와 종류

우리나라는 지각이 비교적 안정되어 있어 지진, 화산, 습곡, 단층 활동이 적고 대륙 빙하에 덮인 일이 없어 큰 자연 호수가 많지 않다. 일제 치하 때의 조사 결과에 의하면 우리나라에는 주위가 2킬로미터 이상인 자연 호수가 81개 정도 있으며 그 가운데에서 주위가 4킬로미터 이상인 호수는 30개 정도였다. 현재는 많은 자연 호수가 주변에서 유입되는 토사의 퇴적으로 매몰되어 그 수가 적어졌다.

자연 호수는 일반 생물과 같이 일생이 있어 오랜 세월이 지나면 자연히 청년기, 장년기, 노년기, 소택, 습원을 거쳐 매몰되어 육지화된다. 우리나라 자연 호수의 분포 특징은 아래와 같이 네 가지로 유약할 수 있다.

첫째, 함경북도에서 경상남도까지 동해안을 따라서 석호가 많이 분포한다. 석호는 후빙기의 해면 상승으로 동해안에 침수 현상이 일어나 하곡이나 저지대가 소만입으로 변하고 그 어귀가 사주나 사취에 의해서 가로막혀서 형성된 호수이다.

둘째, 낙동강 중류인 경상남북도 경계에서 남지 사이에 배후습지성 호수가 집중 분포한다. 이 호수는 빙기의 침식곡이 후빙기의

해면 상승과 더불어 충적층으로 매립되는 과정에서 형성된다. 이것
은 낙동강의 범람원이 점차 위로 성장할 때 하천 양안을 따라서
토사의 집중적인 퇴적으로 지면이 빨리 높아져서 자연 제방이 형성
되고, 토사의 유입과 퇴적량이 적은 그 배후 부분은 고도가 낮아
습지성 호수로 남게 되었다.

셋째, 두만강 하류에 하도 변천이 심하여 하적호가 집중 분포하여
호수 지대를 이룬다. 하도 변천이 심한 곡류 하천에서는 하도의
한쪽에 사행주(蛇行州)가 성장하여 최심하상선이 맞은편 하안으로
밀어붙여진다. 이렇게 되면 공격사면은 침식을 받아 후퇴하고, 최심
하상선의 커브는 커져서 점점 동그란 하도가 형성되면서 하도간의
간격이 좁은 목부분이 절단되고 구하도의 일부가 남아서 물이 고이
면 호수가 된다.

넷째, 백두산과 그 주변의 용암 대지 및 한라산에 화산성 호수가
국지적으로 분포한다. 용암이 분출한 분화구나 칼데라에 물이 고이
거나 화산 폭발 때 용암이 흘러내려서 산의 계곡을 막아서 형성된
호수들이다.

호수는 크게 인공호와 자연호로 나뉜다. 여기에 분류 기준을 어떤
요인으로 삼느냐에 따라서 다시 세분된다.

인공호에는 댐호, 하구언호, 저수지 등이 포함되고 자연호에는
구조호(構造湖), 풍성호(風性湖), 화산성호(火山性湖), 용식호(溶蝕
湖), 잔적호(殘跡湖), 언지호(堰止湖) 등이 있다.

보통 호수의 분류는 호분의 성인, 수온, 위치, 염분, 생산 내용,
표면 형태, 순환, 수온 성층, 제방 유무 등을 기준으로 한다.

호분의 성인에 의하면 고등 유기체, 유기물 집적, 해안선 작용,
운석 작용, 화산 작용, 용식 작용, 풍성 작용, 하천 작용, 사태 작용,
지반 운동, 빙하 작용에 의한 호수로 나눌 수 있다.

수온의 변화형에 의하면 열대호, 온대호, 한대호로 나눈다. 염분의

다과에 의하면 함수호(鹹水湖)와 담수호(淡水湖)로 나눈다. 위치에 의하면 산정호(山頂湖), 산중호(山中湖), 평지호(平地湖)로 나눈다. 생산 내용에 따르면 빈영양호(貧營養湖), 중영양호(中營養湖), 부영양호(富營養湖)로 나눈다. 표면 형태에 의하면 원형, 반원형, 타원형, 아(亞) 직사각형, 수지형, 초승달형, 삼각형, 불규칙형 호수로 나눈다. 순환에 의하면 1회 순환호, 2회 순환호, 다순환호, 빈순환호로 나눈다. 수온 성층에 의하면 중냉층, 중온층, 하온층, 난온층호로 나눈다. 제방의 유무에 의하면 무제방(자연호), 일면 제방, 양면 제방, 삼면 제방, 사면 제방호로 나눈다.

이 가운데에서 호수의 분류상 가장 중요하고 기본이 되는 호분의 성인에 의한 분류를 보면 다음과 같다.

고등 유기체(인간)에 의한 호수

인간이 인위적으로 하천과 바다가 만나는 하구에 방조제를 쌓아 하구언호를 만들거나, 평지를 흐르는 하천을 가로질러 제방을 쌓아 저수지를 만들거나, 산중을 흐르는 하천의 계곡에 댐을 쌓아 댐호를 만드는 것이다.

인공 호수는 기원전 2천 년경 이집트에서 최초로 시작되었는데 최근에는 관광용, 정원용을 위해서 인위적으로 유지를 만드는 경우도 많다.

댐에 의한 호수로는 콜로라도강의 미드호(후버댐), 이집트 나일강의 낫세르호(아스완댐), 춘천의 소양호(소양댐), 진주의 진양호

의암호　하천 계곡에 인위적으로 댐을 축조하여 만든 댐호로 수변 관광지 역할을 한다. (옆면)

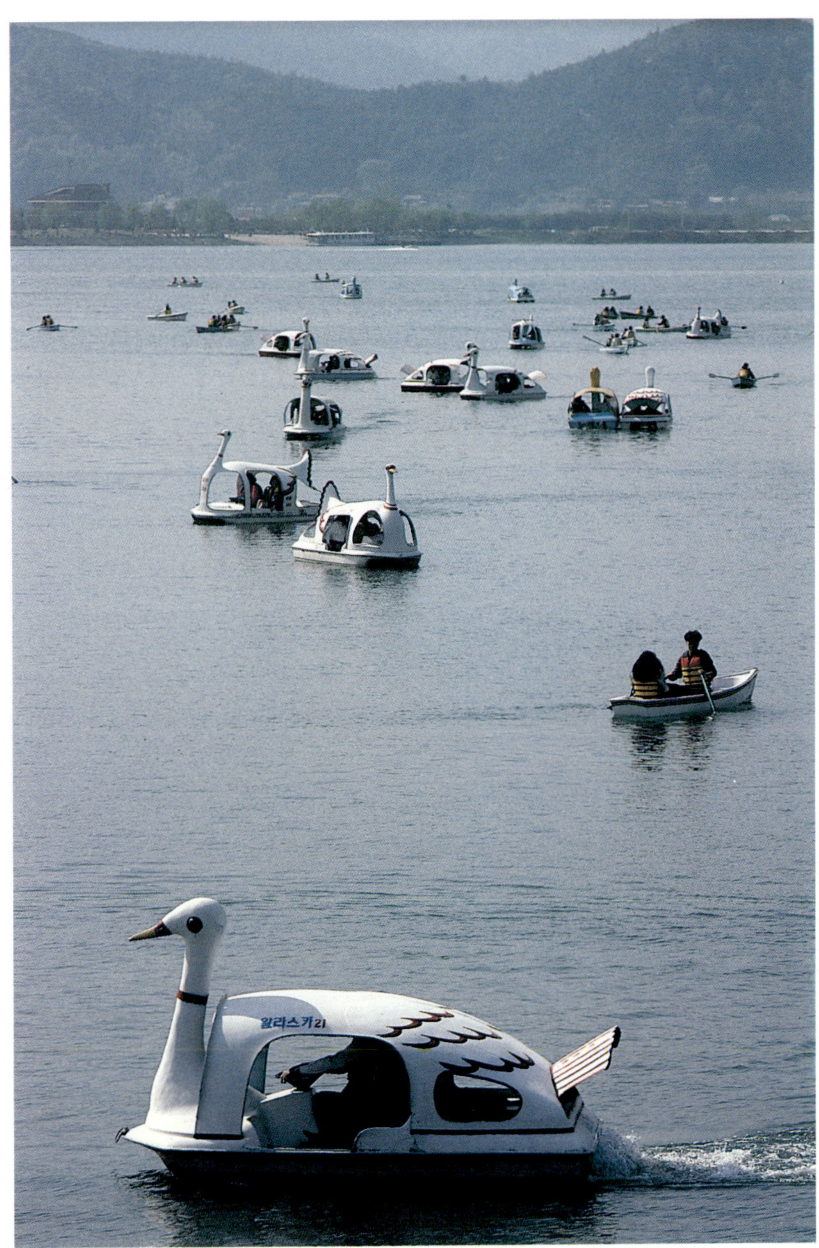
알라스카21

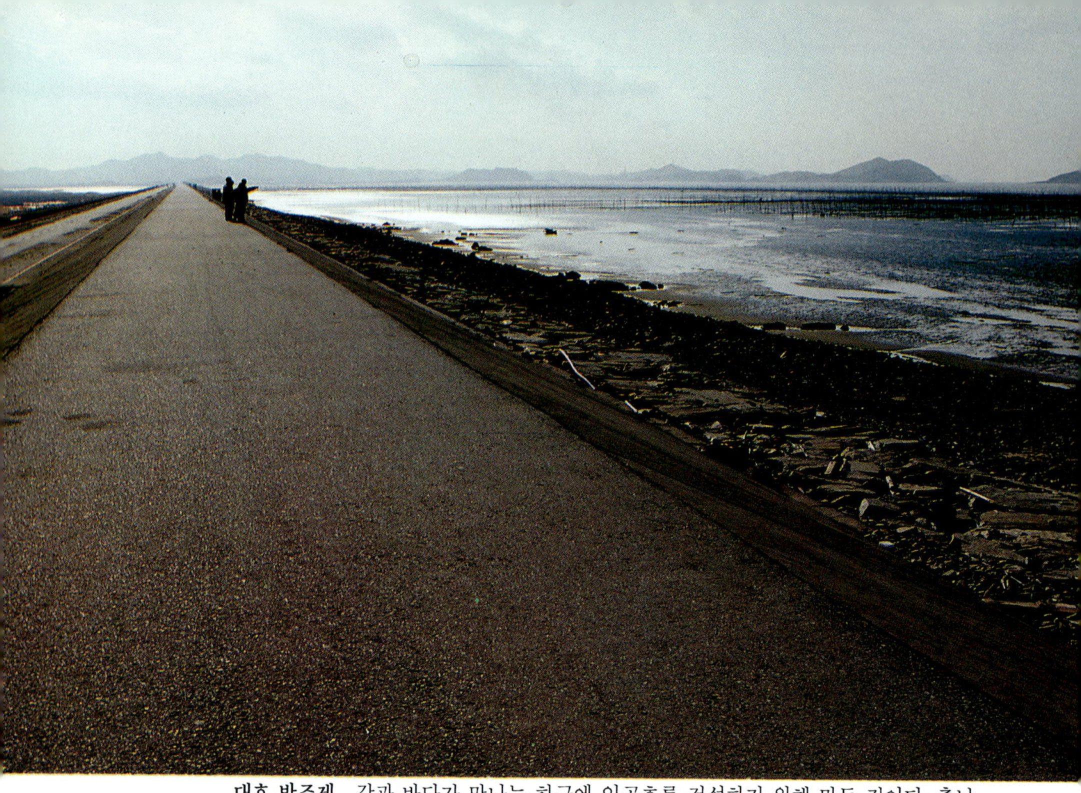

대호 방조제　강과 바다가 만나는 하구에 인공호를 건설하기 위해 만든 것이다. 충남 당진.

(남강댐), 화천의 파로호(화천댐)를 비롯하여 옥정호(섬진강댐), 조앙호(영천댐), 안동호(안동댐), 청평호(청평댐), 의임호(의암댐), 팔당호(팔당댐), 대청호(대청댐) 등이 있다.

　하구언에 의한 인공 호수로는 삽교호(삽교천), 대호(대호지만), 영산호(영산강), 아산호(안성천), 남양호(남양만), 금강호(금강), 낙동호(낙동강) 등이 있다.

　저수지로는 예당 저수지, 주남지, 청라지, 초평지, 백곡지, 의림지, 고풍지, 경천지 등이 있다.

유기물 집적에 의한 호수

죽거나 살아 있는 유기체가 결합하여 호분을 형성한 뒤 그곳에
물이 고여서 된 호수로 지구상에 드물다.

열대나 아열대의 해양에서 산호충의 퇴적에 의해서 형성되는
초호(礁湖)는 수개의 수로를 가지고 있어 바다와 통하므로 완전한
의미의 호수는 아니지만, 미국 워싱턴 아일랜드에 있는 초호는 석호
외륜(潟湖外輪;Coral Rim)을 가지고 있어 바다와 완전 독립되어
있다.

북극 지방의 툰드라 호수(Tundra lake)도 그 지역의 침강과 영구
동토층의 용해에 의해서 생긴다고 지금까지 알려졌으나 최근 러셀
(Russell)의 연구 결과 오랫동안 머무르고 있는 스노 뱅크(Snow
bank) 주위에 있는 식물의 성장에 의해서 이루어진다고 한다. 이
밖에 다량의 식물 유기체가 성장하여 서로 엉겨서 하천을 가로막아
호수를 형성하기도 한다.

해안선 작용에 의한 호수

파도나 해류의 작용으로 해안선에 생긴 사주(砂州)나 사취(砂
嘴)에 의해서 만 입구가 막혀서 형성된 호수로 보통 석호(潟湖)가
된다.

특수한 경우에는 육계사주(Tombolo)라는 두 개의 사주에 의해서
섬이 육지와 연결되고 그 사이에 있는 바다가 호수가 되기도 하는데
이탈리아 서쪽 해안에 있는 스타그노 디 오르베텔로(Stagno di
Orbetello) 호수가 여기에 속한다.

우리나라의 함북에서 경남 해안까지 동해안에 분포한 호수는

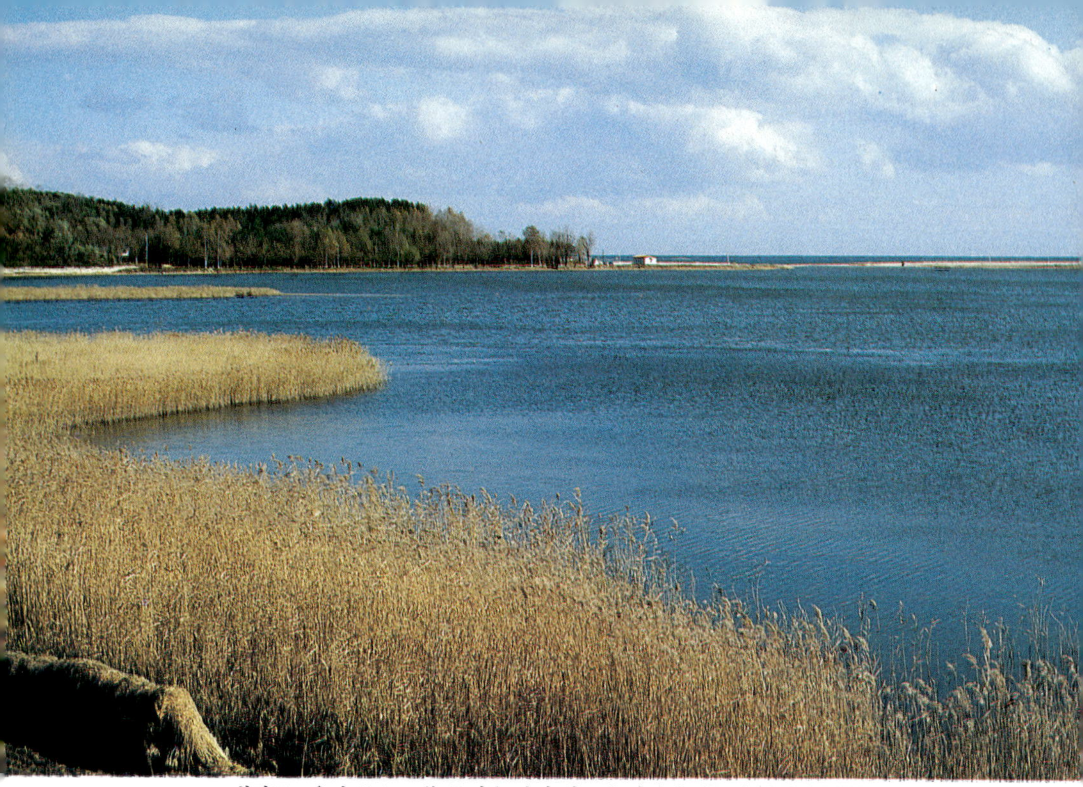

화진포　육지 쪽으로 쑥 들어온 만의 입구가 사취나 사주에 막혀서 형성된 석호이다.

거의 석호이다. 함북 경흥군에 있는 서반포를 비롯하여 광포, 경포, 시중호, 향호, 매호, 소동정호, 천아포, 강동포, 화진포, 송지호, 영랑호, 감호, 삼일포, 청초호 등이 이에 속한다. 이 석호들은 배후의 화강암 산지에서 풍화, 운반, 퇴적된 모래가 연안 조류와 파랑 작용으로 사주나 사취를 발달시켜 소만입(小灣入)을 가로막아 형성된 것들이다. 이 석호들은 현재 토사의 유입, 퇴적으로 면적이 점점 줄어들거나 일부 매립되어 농경지화하여 원면적보다 축소되었다.

운석에 의한 호수

지구 표면은 가끔 운석과 충돌하는데 그 자리가 화구처럼 생겨 물이 고이면 호수가 된다.

한국과학기술원 이병호 핵공학 박사의 연구 논문에 의하면 강원도 양구군 해안면 일대의 해안 분지는 하늘을 떠돌던 별똥별이 지구의 인력에 당겨 떨어져서 생성된 운석 분지로 옛날에는 물에 가득 찬 바다와 같은 대규모의 호수였다고 한다.

해방 전까지만 해도 가칠봉 일대에서 돛대를 비롯하여 닻줄 감는 말뚝과 뱃조각인 널판, 조개 껍질 등이 발견되었다. 이곳 지형은 집에서 흔히 쓰는 커다란 화채 그릇처럼 속은 비고 둘레가 동그랗게 가지런하게 생겼다고 하여 한국 전쟁 당시 종군 기자들이 펀치 보올(Punch Bowl)이라 이름지었다. 수박을 반 잘라 숟가락으로 속을 파낸 듯한 모양을 한 이곳은 대암산(1,304미터), 도솔산(1,148미터), 대우산(1,179미터), 가칠봉(1,242미터)으로 이어지는 주변 능선이 화채 그릇의 테두리인 양 분지를 감싸안았다.

중앙 지점에서 변두리까지는 4킬로미터, 전체 둘레는 약 24킬로미터에 이르고 산봉우리에서 바닥까지의 깊이는 약 900미터나 되는 큰 분지이다.

이 마을에는 예부터 "옛날에 별똥별이 떨어져 분지가 되고 비가 내려도 주위 산들로 둘러막혀 나갈 수 없어서 바다 같은 넓은 호수가 되었는데, 그 뒤 물이 없어지면서 사람들이 살기 시작했다"라는 이야기가 구전되어 오고 있다.

해안 분지는 지금부터 2만 3800년 전에 4,000만 톤의 운석이 추락하여 생긴 분지로 그 뒤 물이 고여서 대호수가 되었다 한다. 곧 중부 지방 강우량과 증발량의 차가 1년에 83.2밀리미터이므로 비가 와서 분지에 물이 다 차려면 1500년이 걸린다. 또 물이 산을 침식하는 하천 작용(상대 삭박률 1000년에 45센티미터)에 따라 낮아진 가장자리로 빠져나가는 물은 한 해 2.3센티미터로 바닥이 완전히 드러나려면 2만 2000년 정도가 소요되며, 지명을 바꾼 조선 중기 때부터 인간이 거주했다면 물이 완전히 빠진 뒤에야 가능했기에 그때부터 지금까지 또 300년이 걸렸다. 따라서 해안 분지는 2만 3800여 년 전에 생성되었을 것으로 추정하고 있다.

미국 아르마 천문대의 외피크 박사의 이론에 의하면 직경 213미터, 무게 4,000톤의 거대한 별똥이 음속의 200배인 초속 66.5킬로미터로 부딪혀야 해안 분지만한 크기가 생긴다고 한다. 이 이론에 따르면 캐나다 퀘벡에 있는 직경 52킬로미터인 첩크레타(Chubb Crater) 호수와 독일 뮌헨 부근의 직경 22킬로미터에 이어 세계 3위의 희귀한 운석 분지가 될 것이다. 원래 이곳의 지명도 해안(海岸)이었는데 사람들이 살기 시작한 조선 중기 이래 마을 곳곳에 뱀이 너무 많아 뱀과 상극인 돼지 해(亥)자를 사용하여 해안(亥安)으로 개명하였다고 한다.

해안 분지의 어느 곳이나 땅을 조금만 파도 물기가 스며나오며 물을 끓이면 철분 때문에 색이 붉게 변하고 도로 공사로 절단된 지층 단면을 보아도 굵은 모래가 겹겹이 쌓인 마사층 사이로 검은 모래층이 나타난다. 해안 분지 안에 형성된 방사상 수계망이 만대리 부근에 모여서 외부로 나가는 유일한 배수구를 형성했는데, 그 길이가 200미터나 되며 원통을 거쳐 소양강에 유입된다.

최근에 지형학자들은 해안 분지가 운석공이 아니라 암석의 차별 침식에 의해서 이루어졌다고 주장한다. 곧 해안 분지의 주변 능선 부분의 지질이 흑운모, 석영, 장석편마암, 운모편암, 운모와 같은 선캄브리아기에 속하는 퇴적원(堆積源) 변성암으로 되어 있다. 또한 분지 안은 중생대 쥬라기에 암주상(岩柱狀)으로 관입된 운모화강암으로 주로 구성되어 있어 암석 분포에 있어서 차별 침식을 당하였기

때문인 것으로 믿고 있다. 주변을 구성하는 변성암류는 분지저의
화강암보다 침식에 대한 저항이 크기 때문에 산능선으로 남아 있다
는 것이다.

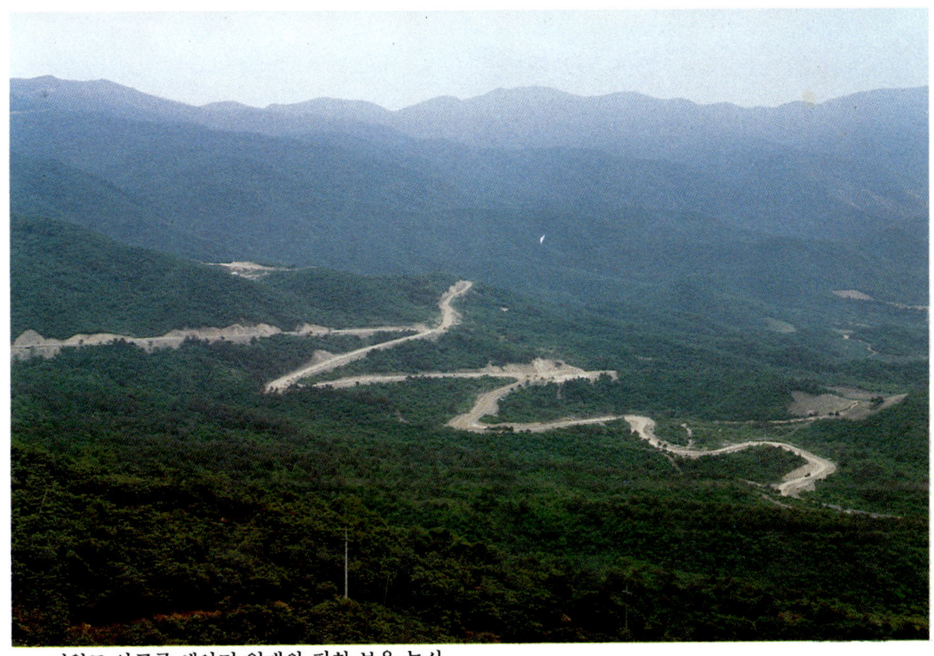

강원도 양구군 해안면 일대의 펀치 보올 능선

화산 작용에 의한 호수

허친슨(Hutchinson)은 화산 활동에 의해서 생성되는 호수의 종류를 13가지로 분류하고 있으나 크게 4가지 형태로 구분할 수 있고 나머지는 변화된 형태에 지나지 않는다.

첫째, 화구호(火口湖)는 화산 폭발 때에 생긴 분출구에 물이 고여서 된 호수로 대개 소형에 원형의 형태를 취하고 지절량(肢節量)도 1에 가깝다. 호안은 급경사이지만 중앙부는 평탄하다. 호심은 보통 50미터 이내이지만 그 이상 몇 백 미터 되는 것도 있다. 예를 들면 카메론의 에포차(Epocha)호는 168미터, 일본의 고이케(御池)는 92미터이다. 우리나라 제주도 한라산 정상에 있는 화구호인 백록담은 지금까지 기록으로 최대 수심 8미터가 고작이다.

화산도인 울릉도의 중앙 북부에 있는 화구원상에 해발 250미터인 나리 분지와 해발 500미터인 알봉 분지가 상하 2단으로 분포한다. 이곳은 울릉도 유일의 평지로서 약 150정보에 달히는데 담회색의 경석을 비롯한 화산 쇄설물로 두껍게 덮여 있어 집중 호우 때 국지적으로 얕은 호수가 일시적으로 생기기도 한다.

1882년(고종 19) 이규원이 왕명으로 울릉도를 조사하고 고종에게 직접 보고하면서 바친 고지도인 '울릉도외도'(규장각 소장)에 보면 중앙 화구원상에 대택(大澤), 소지(小池), 소지(小池)의 3개 호수가 표시되어 있고 이 가운데 가장 큰 호수인 대택은 "장칠십오도 광오십도(長七十五徒, 廣五十徒)"라고 기록되어 있다.

둘째, 칼데라(Caldera)호는 화산체가 형성된 뒤 대폭발이나 화산의 중심 부분이 함몰되어 2차적으로 더 큰 와지가 된 뒤 물이 고여서 된 호수이다. 형태는 원형, 타원형이 대부분이고 때에 따라서는 중앙 화구구(火口됴)의 분출 때문에 구옥상(勾玉狀)으로 되는 것과 화산도를 갖는 환상(環狀)의 것도 있다. 호안이 급사면이고 호저가

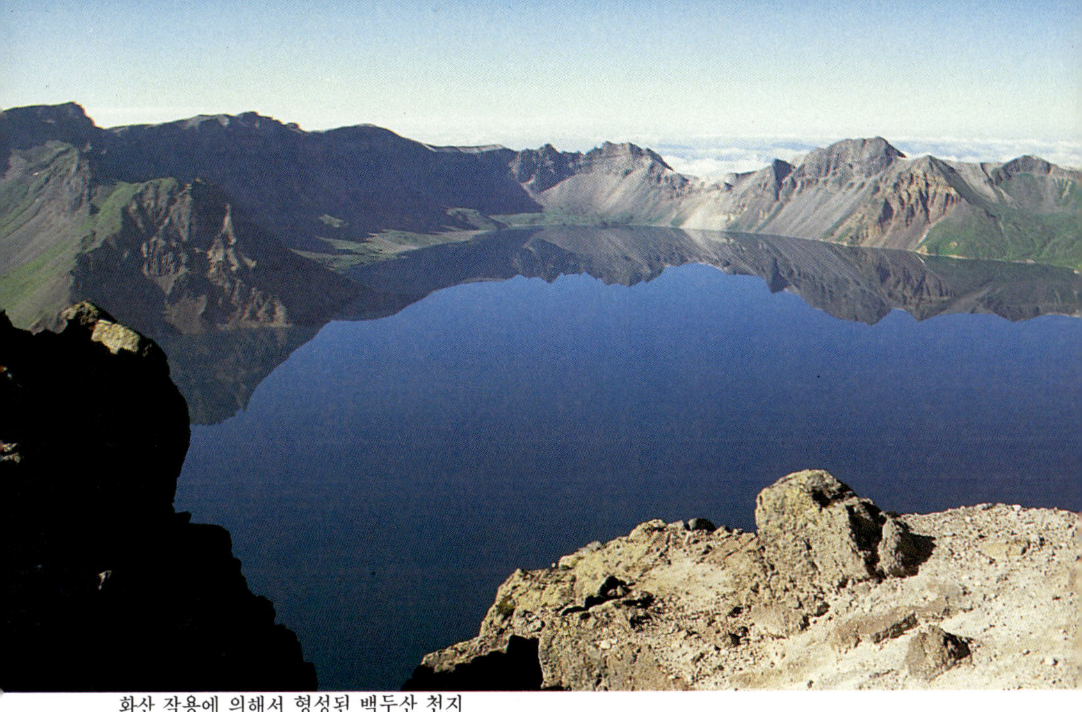

화산 작용에 의해서 형성된 백두산 천지

평탄한 것은 화구호와 비슷하지만 일반적으로 수심이 더 깊다. 수심 100미터 이상의 화산성 호수는 칼데라에 속하는 경우가 많다.

북미의 크레타호(610미터), 도바호(529미터), 일본의 다자와호(田澤湖, 425미터), 도와다호(十和田湖, 334미터), 우리나라 백두산 산정에 있는 천지(天池, 313미터) 등은 칼데라호이다.

셋째는 마르(Maar)형 호수로 화산 가스의 폭발 분화에 의해서 형성되는 화산이라기보다는 화구에 더 가까운 것으로 호심에 비해 호폭이 상당히 넓은 와지에 물이 고여서 된 호수이다. 독일 에펠(Eifel) 지방에 많이 있는 마르(Maar)호가 여기에 속한다.

넷째로 화산성 언지호로 화산 분출 때 용암이 유동하다가 계곡을 막아서 형성된 호수이다. 미국의 쿠엔타호, 한국의 무계호, 삼지연 등이 여기에 속한다.

무계호는 경성군 어대진읍 어랑천 하류 부근의 무계리에 있는 둘레 8.5킬로미터, 면적 1.8제곱킬로미터의 화산성 언지호이다. 백두산록의 천평 대지(天坪臺地)에 있는 삼지연도 백두산의 화산 활동에 의해서 분출된 용암이 이곳을 흐르던 하천을 막아서 형성된 화산성 언지호이다.

이 밖에 화산추(火山錐)가 성장해서 기존의 하천 수계를 막아서 호수가 생기는 경우도 있다.

용식(溶蝕) 작용에 의한 호수

탄산염암이나 증발암이 있는 지역은 강수나 지하수에 의해서 용식 작용을 받아서 지표에 돌리네(Doline), 우발라(Uvala), 폴리에(Poljé)와 같은 와지를 형성하게 되는데 여기에 물이 고이면 호수가 된다. 곧 석회암 지대에서는 절리(節理)의 교차점이 많은 투수성이 큰 지점의 암석이 주위보다 용식을 많이 받아서 암석의 틈이 벌어져서 점차 용식 돌리네로 발전하게 된다. 함몰 돌리네는 지하에 먼저 생긴 공동 때문에 지표 암석이 꺼져내려 생기는데 이런 돌리네에 물이 고이면 돌리네 호수가 된다. 물론 원형이나 타원형의 수심이 얕은 소규모의 호수가 된다.

돌리네가 수없이 많으면 좁은 지역에서 점차 성장하여 인접한 것과 결합하여 복합 돌리네 곧 우발라를 형성한다.

우발라는 형상이 짚신 모양을 하는 경우가 많다. 돌리네나 우발라보다 훨씬 큰 용식 분지인 폴리에도 원칙적으로는 하천이 있어 포노르(ponor)라는 여러 개의 배수구를 통해서 지하로 스며든다. 그러나 우기에는 물이 배수구를 통해서 빨리 빠지지 못해 일시적인 호수가 되기도 한다.

　　유고슬라비아의 카르스트 지방, 중국의 화남 지방, 미국의 펜실바니아 등지에는 돌리네의 저지에 용식 돌리네에서 기원한 작은 호수가 산재하는데 대부분 소멸되며 경우에 따라서는 염기를 포함한 습지로 퇴화해 가는 곳도 있다. 함몰 돌리네에서 기원한 호수는 쥬라산지, 영국 등에 많다.

　　아일랜드 서부에 있는 대부분의 크고 작은 호수는 석탄기에 석회암의 용식에 의해서 생긴 것이다. 돌리네 호수는 화구호와 형상이 비슷하지만 우발라 폴리에가 침수한 호수는 호안과 호저가 복잡하다. 호안은 때로 절벽이 되기도 하고 호저에는 다수의 돌리네, 포노르라는 흡입혈(吸込穴)이 있다. 암염(岩鹽)이 많은 지방에서는 이것이 녹아 생긴 와지에 물이 고여서 암염호가 되기도 하는데 중국의 곤명호(昆明湖), 헝가리의 베렌호 등은 여기에 속한다.

　　우리나라에서 석회암 지역으로 돌리네, 우발라, 폴리에와 같은 카르스트 지형이 잘 나타나는 곳은 황해도의 서흥, 신막, 평남의 성천, 덕천, 강원도의 삼척, 영월, 충북의 단양 등지이다. 이곳에는 고씨굴, 고수굴과 같은 용식에 의한 석회암 동굴이 많으며 또 일부 지역에서는 우기에 돌리네, 우발라에 물이 고여서 일시적으로 호수가 되기도 한다.

충주댐에 의해서 호반 도시로 새로 태어난 신단양　우리나라 대표적인 석회암 지역으로 고수굴, 노동굴 등이 있다.

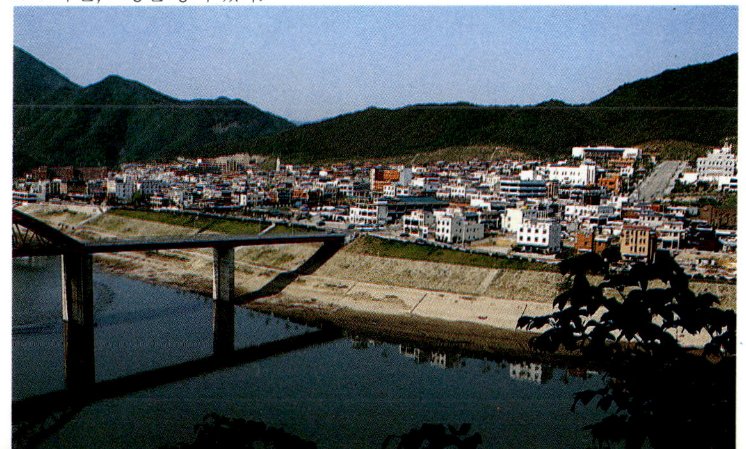

풍성(風成) 작용에 의한 호수

바람은 풍식과 풍퇴석 작용을 통해 폐쇄된 와지를 만드는 경우가 있는데 대부분 얕고 또 특수한 기간에만 물을 가지고 있다.

식생이 결핍되고 지표가 건조한 지역에서는 점토나 실트 같은 미립 퇴적물이 풍부해서 바람이 사진(砂塵) 같은 미립 물질을 흡취하여 공기중에 띄워서 운반해 가는데 이런 종류의 풍식(風蝕)을 취식(吹蝕)이라 한다. 취식에 의해서 지표가 우묵하게 패어 취식 와지(吹蝕窪地)가 생기고 폭우 뒤에 물이 고이면 주위에 동물들이 모여들어 식수로 사용하기도 하는데 큰 것은 지름이 1킬로미터 이상, 수심이 3 내지 10미터 되는 것도 있다.

풍성 작용에 의해서 생긴 분지는 대부분 빙하 지역이 아닌 곳에서는 플라이스토세의 건조기에 생겼는데 그 뒤 여러 번의 건계, 우계를 거쳤다.

뉴멕시코 동쪽에 있는 취식 분지들은 우기 동안 용해되어 이동되어 온 사암 석회 성분이 고결하여 플라이스토세의 건조기에 만들어졌다고 한다. 남아프리카에 있는 팬(Pan)도 취식 작용에 의해서 생겼다는 설과 유제류에 의해서 생겼다는 설이 있다.

모래가 사구를 형성하기 위해서 이동할 때 자연적인 배수 체계를 방해해서 풍퇴석 작용에 의해서 호수가 생기기도 하는데 워싱턴주에 있는 모세호(Moses Lake)는 이런 예이다.

중국의 타클라마칸 사막 동쪽 끝 누린(樓蘭) 가까이에 있는 뤼포호(羅布湖)란 호수는 시대에 따라 그 위치가 이동하고 크기가 변하므로 환상의 호수로 알려져 많은 학자들이 연구에 참여했으나 아직도 그 원인을 정확히 모른다. 기원전 1세기의 중국 역사서에도 기록된 이 호수는 바람이 몰고 온 모래나 생물의 사해(死骸)에 의해서 뤼포호면이 얕아져 물이 호수의 낮은 지역을 넘어서 유출되어 호면이 넓어지거나, 바로 남쪽에 있는 아얼진(阿爾金) 산맥이 융기하여 호수는 남쪽에서 북쪽으로 치켜올려져 북쪽에 넓은 호수를 형성하고 타림 강물을 받아들여 현재의 위치에 있는 것으로 추측한다.

하천 작용에 의한 호수

흐르는 물은 에너지를 수반하여 침식이나 운반, 퇴적 작용으로 폐쇄된 와지를 만든다.

하천 지류에서 운반되어 온 퇴적물이 본류를 막거나 본류에서 운반된 퇴적물이 지류의 출구를 언지해서 호수를 만드는 경우가 있다.

낙동강의 지류인 황강이 있는 합천군 일대 침식곡은 작은 하천을 이루어 하중의 운반량이 적어서 홍수 때 역수 현상에 의해서 낙동강 본류의 물이 이들 하천의 골짜기를 따라 거슬러 올라가면서 토사가 퇴적하여 용주지(龍州池), 연당지(蓮塘池), 정양지(正陽池) 등을 만들기도 했다. 또 범람원과 하천 사이의 자연 제방이 장애물 역할을 하여 안쪽 범람원상에 만들어지는 접시형 같은 얕은 배후 습지성 호수가 있다. 범람원의 자연 제방과 배후 습지는 후빙기의 해면 상승과 더불어 빙기 침식곡이 충적층으로 매립되는 과정에서 형성되었다. 곧 범람원이 위로 성장할 때 토사의 집중적인 퇴적이 하천 양안을 따라 일어나 자연 제방이 형성되고, 안쪽은 토사 유입량이 적어져 물이 고여서 호수로 남게 된다.

낙동강 중류인 경상남북도 도계(道界)에서 남지(南旨) 사이에는 남한에서 제일 큰 자연 호수인 창녕의 우포(牛浦)를 비롯하여 목포(木浦), 호포(狐浦), 사지포(沙旨浦), 사몰포(蛇没浦), 연호(蓮湖), 도호(島湖), 용호(龍湖), 석곡호(石谷湖), 장척호(丈尺湖), 속기호

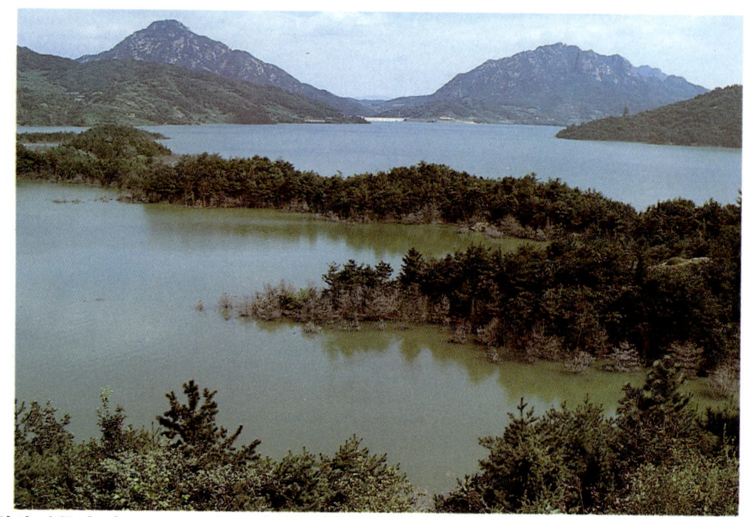

합천 다목적 댐호　1988년 12월에 완공되었으며 담수량이 5억6천만 톤이나 되는 거대한 호수이다.

(速氣湖), 응암호(鷹岩湖), 조지지(鳥枝池), 장승지(長承池), 율목지(栗木池), 월포지(月浦池), 아포지(鵝浦池), 가명지(茄明池), 답곡지(畓谷池) 등 배후 습지성 호수가 많다.

경흥군 경흥면의 적지(赤池), 노서면의 현담지(玄潭池)도 두만강의 배후 습지에 물이 고여서 된 호수이다. 이런 호수는 낙동강 지류인 봉황천변에 있던 국농호(國農湖)와 같이 제방에 의해서 낙동강의 홍수 유입이 억제되어 농경지로 바뀌어 지표상에서 소멸되기도 한다.

노년기 곡류 하천의 하도(河道) 일부가 곡류 절단되어 반월형인 우각호(牛角湖)를 만들기도 한다. 영양읍(英陽邑) 반변천에는 곡류가 절단되어 구하도와 관통 구릉이 남아 있는데 구하도장에 파대지(巴大池), 연지(蓮池), 원당지(元塘池) 등의 우각호가 남아 있다.

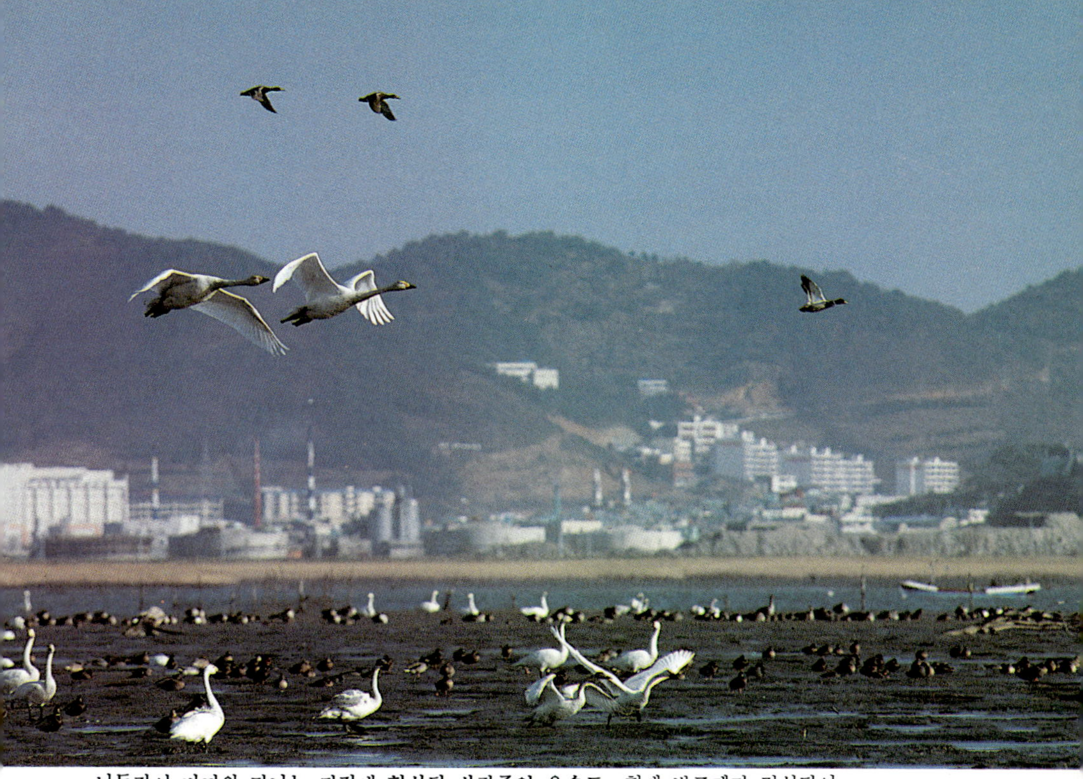

낙동강이 바다와 만나는 지점에 형성된 삼각주인 을숙도 현재 방조제가 건설되어 호수가 되었으며 세계적인 철새 도래지이다.

서울 잠실에 있는 석촌 호수도 한강의 구하도 일부가 매몰되어서 입구가 막혀 형성된 호수인데 현재 인공적으로 많이 가다듬어졌다.

이 밖에 하천의 폭포 밑에 있는 깊은 와지인 폭호(瀑壺)와 메안더 루프(Meanderloop)의 경부 부분이 절단된 것이 아니고 하천 유로의 이동으로 옛날 본류를 흘렀던 가늘고 긴 사행와(蛇行渦)가 호수로 된 경우도 있다. 또 강 하구의 삼각주(三角洲)에 형성되는 델타형 자연 제방호(Deltaic levee)도 있다. 미국 미시시피강 삼각주에 있는 폰트차르트레인(Pontchartrain)호는 이의 좋은 예이다.

사태(沙汰)에 의한 호수

사태란 중력의 직접적인 영향 아래 지구 물질의 모든 표면 이동을 말하는데 파도 작용, 지진, 폭우, 인공 굴착 등에 의해서 발생한다. 사태가 발생하는 것은 지구 물질이 중력 방향으로 위치를 갑자기 바꾸기 때문이다.

산사태(산붕괴) 등에 의해서 발생된 이동 쇄설물이 하천을 가로질러서 막아버린 뒤 상류 쪽에 물이 고이면 자연 호수가 된다.

우리나라에는 이런 예가 아직 없지만 일본에서는 1892년 7월 25일 태풍 통과 때 시코쿠(四國) 동부를 관류하는 나가천(那賀川) 상류의 우안에 있는 다카이소산(高磯山)이 폭풍우에 의해서 산사태가 일어나 하상의 최저소에 높이 71미터의 천연댐을 만들어 호수를 만들어 버렸다. 또 일본 오이소(大磯) 구릉 북단에 있는 신쇼호(震生湖)는 관동 대지진 때 연약한 홍적세 로옴(Löam) 층으로 된 산복이 붕괴되면서 계곡을 막아 형성된 호수이다.

인도의 고나(Gohna) 지방에서는 갠지스강 지곡이 산사태에 의해서 수심 240미터의 호수가 된 뒤 1년 뒤에 붕괴되어 자연댐 직하에서는 높이 75미터, 20킬로미터 하류에서는 48미터, 48킬로미터 하류에서는 39센티미터의 출수(出水)가 나타나 수많은 인명 피해를 냈다. 따라서 이런 사태에 의한 호수는 수위 상승과 함께 붕괴될 경우 대재채를 일으킨다.

지반(地盤) 운동에 의한 호수

호분(湖盆)의 지반 변동 곧 단층, 습곡, 지진 등 구조 활동에 의해서 생긴 와지에 물이 고여서 된 호수를 말한다.

습곡 작용에 의한 와지에 물이 고이거나 지진에 의해서 지반이 함몰되거나 단층 작용에 의해서 생긴 지구(地溝)에 물이 고여서 호수가 되는 경우가 많은데 규모가 크고 수심이 깊고 호령(湖齡)이 길다. 그러나 처음부터 호분 형성이 깊게 되었다고 단정적으로 말할 수는 없다. 적도대에 있는 언지호인 빅토리아호나 단층호인 탕카니카호는 1960년 이래 수위가 2미터 이상 상승했다. 이것은 대기대순환과 관련이 있다.

소련의 시베리아 동남부에 있는 바이칼호는 세계 최심의 단층호(斷層湖)로 길이는 200킬로미터이며 평균 폭 30킬로미터, 최대 수심 1,742미터이다. 주위로부터 330개의 하천이 흘러들지만 유출하는 강은 앙가라강 하나뿐인 이 호수는 미국 5대호 전부의 수량과 맞먹는다. 바이칼호는 제3기 초기에 다수의 정단층에 의해서 형성된 복합 지구(Multiple Graben)에 물이 고여서 존재했으나 그 뒤 제3기 말에서 홍적세(洪積世)에 걸쳐서 마치 하나의 거대한 복배사(複背斜)가 성장한 것과 같은 형태로 호분은 깊이가 증가하고 그 사이의 산지는 높아져서 점점 기복차가 생겨 세계 최심의 호수가 되었다. 동아프리카 지구대에도 다수의 정단층에 의해 형성된 동서 2열의 대지구(大地溝)가 있고 많은 호수가 존재한다. 서쪽은 앨버트호를 시작으로 탕가니카호, 니아사호를 거쳐 잠베지강으로 연결되며, 동쪽은 니아사호에서 시작하여 빅토리아호 동부, 루돌프호를 거쳐 아비시니아 고원 북쪽으로 빠지면서 홍해 지구 및 아든만 지구와 연결된다.

아라비아 고원의 서단에는 남북으로 요르단강의 종곡상(縱谷狀)의 와지가 계속된다. 홍해 북단의 아카바만에서 사해(死海)를 거쳐 그 북쪽에도 티베리아스(Tiberias)호나 후라(Hula)호가 계속된다. 일찍부터 이 지구(地溝) 지형도 홍해와 같은 종류의 지형으로 알려졌지만 성인적으로 양자가 반드시 동일한 것은 아니다. 장방형의 사해는 현재는 변형 단층(Transform Fault)으로 알려지고 있으며 사해의 호령은 약 1만 2000년 정도로 추측되고 있다.

일본 최대 호수인 비와호(琵琶湖)를 비롯하여 아오키호(青木湖), 기자키호(木崎湖), 스와호(諏訪湖) 등도 지반 변동에 의해 생긴 구조호이다.

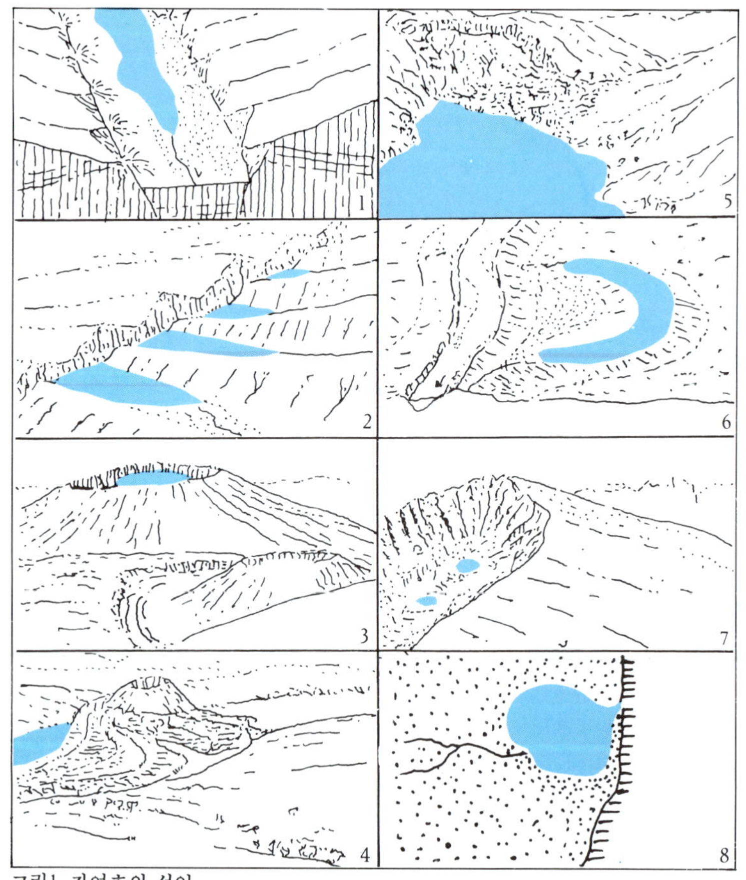

그림1. 자연호의 성인
1. 단층성 호수 2. 지구성 호수 3. 화구호 4. 용암 언지호 5. 사태성 언지호 6. 우각호
7. 빙하 권곡호 8. 석호

빙하(氷河) 작용에 의한 호수

빙하의 침식이나 퇴적 등 빙하 활동으로 말미암아 생성된 호수를 빙하호라 한다. 빙하호의 기원을 세분하면 30여 가지가 되나 대개 4가지로 요약할 수 있다.

첫째는 단퇴석(端堆石)이나 후퇴 퇴석에 의해서 언지된 곳에 물이 고인 것이고, 둘째는 권곡호(圈谷湖)와 같이 빙하 침식에 의한 요지에 물이 고여서 생기거나 또는 계곡 빙하나 대륙 빙상이 지표면을 이동하면서 침식시키고 암반에 깊은 분지를 만들어 물이 고여서 된 피요르드 호소(Fjord lake)가 있다. 이 호수는 암석 계곡에 많다. 셋째는 케틀(Kettle)호와 같이 빙력토 평원(氷礫土平原)의 퇴석층(堆石層)에 묻혔던 얼음이 녹아 생긴 와지에 물이 고인 것이고, 넷째는 빙하 말단부가 계곡을 가로질러 막음으로써 생기는 호수이다. 빙하호는 차별 용해에 의해서 빙하의 얼음 위에서도 생기나 드물다.

허친슨에 의하면 영구 동토층 아래에 있는 토빙(土氷)이 녹아서 지표면의 붕괴에 의해서 생긴 와지에 물이 고여서 된 열카르스트호(Thermo karst lake)도 넓은 의미로 여기에 속한다고 한다.

빙하에 의해서 형성된 호수는 형태가 가장 복잡하다. 예를 들면 권곡호(Tarn)는 대개 삼각형을 이루며 모양이 간단한데 호안은 급사면에 면적이 적고 수심은 50미터 미만이다. 보헤미아의 슈바르쥬르호(Schwarzer See)는 면적이 0.18제곱킬로미터의 권곡호이다. 곡빙하나 빙식에 의한 호수는 파상의 가늘고 긴 형태를 나타내고 호안이 단조롭다. 또한 호안은 절벽으로 100미터 이상의 깊은 것이 많다.

북미의 캐나다 등지에서는 홍적세 때 빙상(氷床)의 전진 후퇴에 의해서 수많은 빙식호가 벌집처럼 분포해 있다. 핀란드에는 약 3

만 5,000개의 빙하호가 있어 수오미(Suomi) 곧 '호수의 나라'라고
부르고 있다.

뉴질랜드 남도(南島)의 남서부에는 거대한 곡빙하의 후퇴 뒤에
생성된 다수의 빙하성 호수가 존재하는데 마나푸리호는 수심이
445미터나 된다. 노르웨이의 호르닌달스호(522미터), 알프스 산록
의 레만호(310미터), 보덴호(252미터) 등이 여기에 속한다. 센트로
렌스강과 대서양을 운하로 연결하여 중요한 미국의 교통로 역할을
하는 슈피리어호, 미시간호, 휴런호, 이리호, 온타리오호 등 5대호도
빙하침식호이다.

빙퇴석호는 100미터 이상 되는 것은 없지만 복잡한 형성을 가져
단퇴석이나 저퇴석 사이에 작은 와지가 많다. 핀란드의 오울루자르
비(Oulu järvi)는 큰 것만 23개, 소분지까지는 50개의 부호분(副湖
盆)이 있다.

우리나라에는 함북 관모봉 부근과 백두산 천지의 화구벽, 남포태
산에 여러 개의 빙히 지형인 권곡(Kar)이 나타남이 확인되었으나
아직 빙하호는 알려져 있지 않다.

호수와 자원

호수와 천연 자원

호수의 연안부나 소택지의 수면에 늘 무성하게 자라는 갈대와 같은 정수 식물(挺水植物)은 오랫동안 무용 지물로 여겨 왔다. 독일에서는 이들을 1차 유럽대전 당시 가축의 사료나 사탕, 알코올 등의 원료로 사용되기도 했다. 우리나라에서도 갈대가 꽃꽂이용으로 화훼 시장에서 현재 널리 팔리고 있으며 원래 논벼도 야생의 정수 식물이었다.

부엽 식물(浮葉植物)로 연근, 순채순, 마름 열매, 쇠귀나물의 지하경은 식용으로 흔히 먹는 것들이다.

침수 식물(沈水植物)은 농부들이 배를 타고 가서 베어다 건조시켜 농경지의 퇴비로 사용한다. 일본 비와호 지역에서는 부족한 비료 대신 이조(泥藻)를 사용하여 논 토양을 물리화학적으로 개량해 주었다. 그 밖에 함호에서는 질 좋은 김을 생산하기도 하고 사할린의 원연호(遠淵湖)에는 한천의 원료가 되는 이곡초(伊谷草)가 나기도 한다.

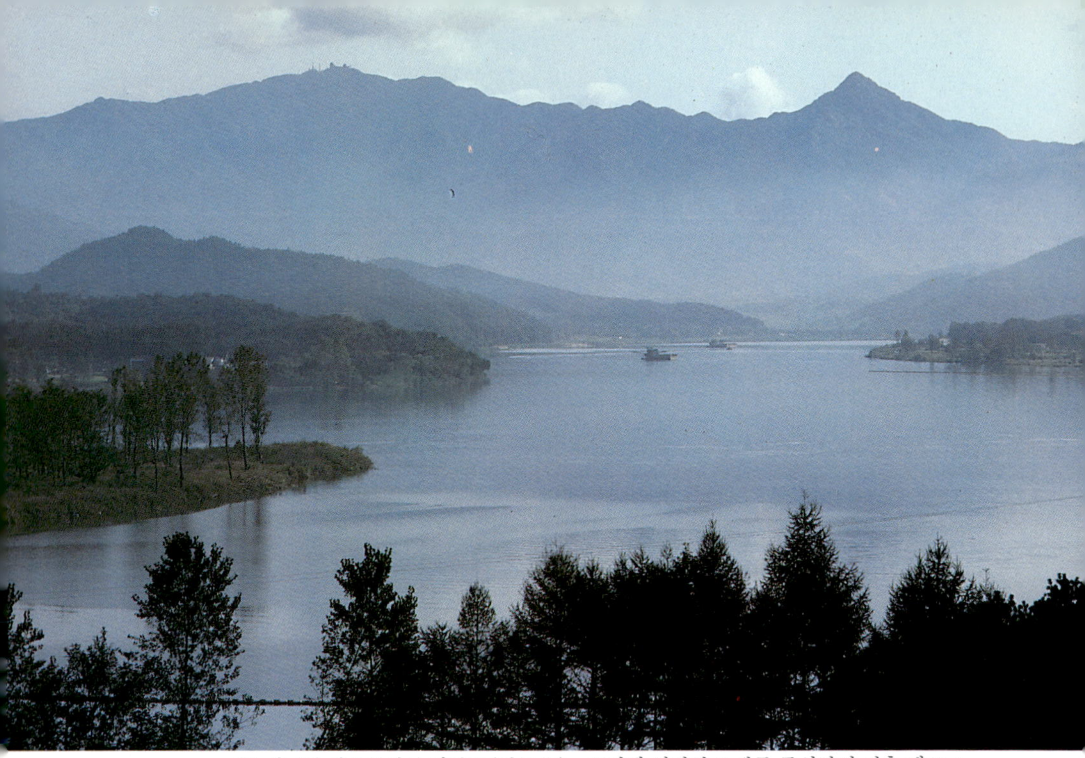

서울 시민의 상수도원인 팔당호(인공호)　호저에 퇴적된 모래를 준설하여 건축 재료로
쓴다.

　　호수에서 천연적으로 잡히는 어류로는 난수어인 잉어, 붕어, 냉수
어인 송어, 빙어, 반함수어로는 숭어 등이 있다.
　　팔당호 준설에서 보듯이 호저 퇴적물인 호사(湖砂)는 건축 및
도로 포장 때 시멘트와 함께 주요 원료가 된다.
　　일본의 다자와호(田澤湖) 백사장에 있는 석영사(石英砂)는 분재
용으로도 널리 쓰인다.
　　스웨덴에서는 암석이나 토양 속의 철분이 부식질에 용해되어
호중에 침전한 두상갈철(豆狀褐鐵), 분상갈철(粉狀褐鐵)이 제철
원료로 채집되기도 했다.
　　호저에 퇴적된 규조해니(珪藻骸泥)도 다이너마이트 제조 때에
사용되거나 보온 재료로 사용된다.

천지나 백록담 같은 화산성 호수의 호저에는 상당량의 유황이 침전되어 있어 이것도 연구 결과에 따라 활용할 수 있다. 염호의 호저에서도 질 좋은 식염, 황산나트륨, 석고 등이 산출되는데 한국에는 아직 없지만 몽골의 백은낙이(白銀諾爾)는 좋은 예이다.

습지에 퇴적하는 이탄은 벽돌 모양으로 건조시켜 부식 토탄(腐植土炭)을 만들어 가정용 연료로 쓰거나 의료용으로 쓴다. 사할린에서는 이탄을 이용하여 알코올을 정제해서 근대적인 자원으로 개발하기도 했다.

호수와 교통 자원

물은 교통에 있어서 결합 기능과 분리 기능을 위치와 때에 따라서 상이하게 수행하기에 호수는 그 국가가 처하고 있는 상황에 따라서 이익을 주기도 하고 불이익을 주기도 한다.

육상 교통이 불편한 시대에는 호면이 결빙하면 위로 걸어갈 수 있고 해빙 때에는 맹수의 위협을 피해서 배를 타고 최단 거리의 피난로로 이용되어 고대인에게 많은 편익을 주었다. 문화가 발달된 오늘날에도 호수가 교통로나 국가간 경계로 이용되는 예가 많다.

호수가 교통로로 가장 잘 이용되고 있는 예는 북미의 5대호이다. 5대호는 1825년 이래 슈피리어호 서쪽에 있는 메사비 철광을 동쪽의 이리호 남부에 있는 애팔래치아 탄전 지대로 운반하는 교통로 및 목재, 곡물, 잡화 등의 수송로 역할도 하고 있다. 이리호 서북단 디트로이트 운하의 통과 화물량은 파나마, 수에즈 운하의 양보다도 훨씬 많아 북미합중국이 보유하는 화물선의 약 4분의 1이 호상에서 이용되고 있다. 미시간호의 남단에 있는 세계적 도시 시카고는 세계 최대의 호진(湖津)이다. 소련 남부 카스피해 연안 바쿠 유전의

석유를 내륙으로 운반하는 데도 카스피해 및 볼가강의 수운이 중요한 역할을 한다.

최근 육상 교통이 발달되어 호상 교통의 중요성이 점차 감소하여 지방 교통로로 전락하는 경우가 많다. 한국의 소양호, 충주호, 진양호 등에서는 호상 교통이 체계적으로 활용되고 기타 호수에서는 지역간 교통로 내지 관광로로 이용되고 있다.

소양호의 주노선은 춘천과 양구간으로 육로로 갈 경우 오음리를 경유하여 상당한 거리를 우회하기에 호상 교통이 시간적, 경제적으로 유리하여 여객 및 화물 수송에 잘 이용되고 있다. 지선은 춘성군 동면과 북산면 등의 호안에 분산되어 있는 촌락을 연결하는 노선이다. 소양호가 생기면서 육상 교통이 두절되어 학생 통학과 주민 편의를 위해서 운행되는 정기 노선이다. 이 밖에 청평사 지구 등 여러 지선이 있다.

충주호는 충주와 단양 사이를 운항하는데 여객 수송을 위한 역할보다는 관광 유람선으로의 역할이 더 크다. 곧 충주시를 기점으로 국립공원 월악산 지구, 청풍 문화재 지구, 옥순봉 등지를 거쳐 신단양의 고수 동굴, 단양 팔경 등을 구경하기 위한 관광객의 수송로 역할을 한다.

진양 호반에도 옛 경호강 우측과 좌측 연안, 옛 덕천강 유입 지역과 귀곡골 지역 등을 운항하는 네 개의 주요 노선이 있어 관광객 및 주민, 낚시꾼에게 이용되고 있다. 그 밖에 대부분의 호수에서도 대안의 촌락을 연결해 주는 나루터가 있으며 낚시꾼과 관광객을 위한 유람선 선착장이 있다.

호수는 교통상 이익을 주는 반면에 다른 한편으로는 교통 장애를 일으키는 경우가 있다. 강원도 춘성군 북산면 물노리와 조교리 일대는 소양호가 생기기 전에는 불편하나마 가까운 육로가 있었으나 소양호가 중앙에 생긴 뒤 면(面)을 양분하여 교통 장애를 가져와

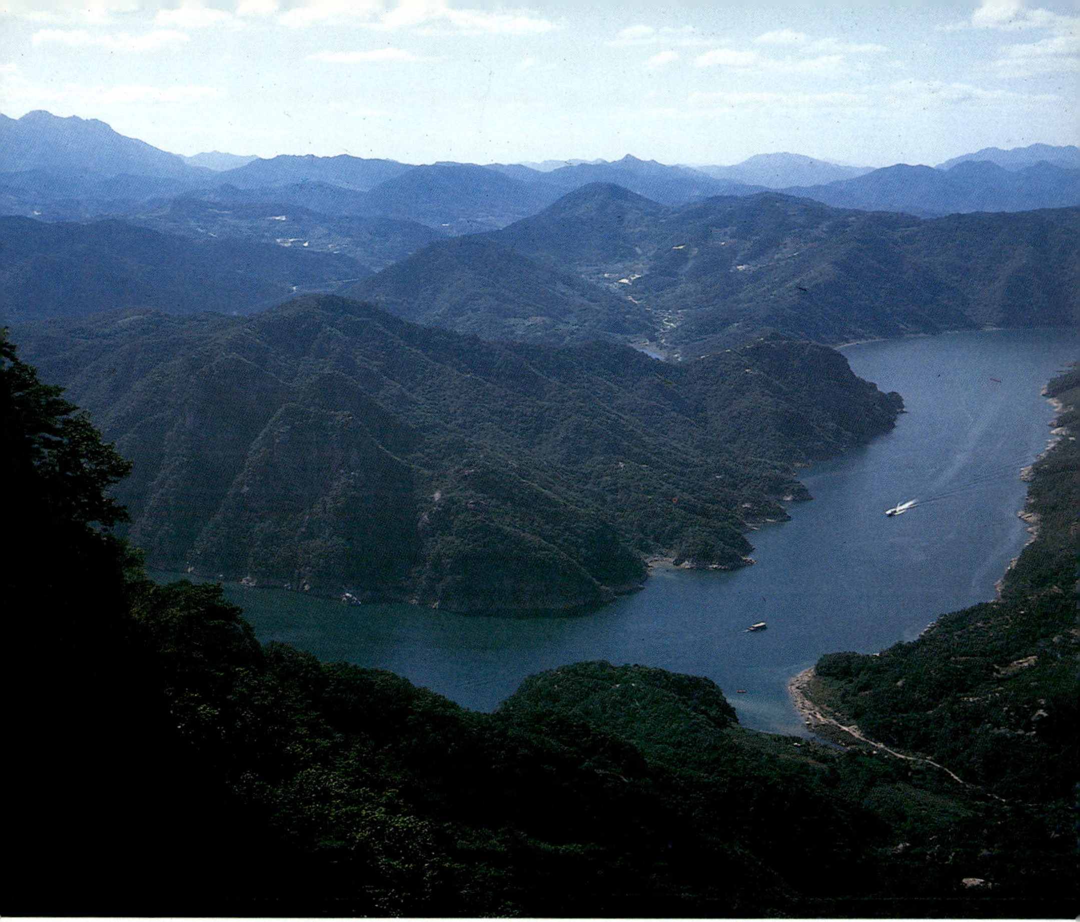

충주시와 신단양 사이의 내륙 수로 역할을 하는 충주호 관광 유람선이 오가며 월악
산, 옥순봉, 단양 팔경 등을 구경할 수 있다.

멀리 우회하지 않으면 안 된다.

　반면에 충남 당진 지방은 종전에 천안, 평택을 우회하여 서울까지
7 내지 8시간이 걸렸으나 삽교호의 완공으로 2시간대로 단축되어
교통 사각 지대에서 교통 요지로 바뀌어 1일 서울 문화권에 진입하
게 되었다. 이곳은 육상 교통이 발달하기 전에는 인천과 해상으로
정기 여객선이 운항되어 인천 문화권에 예속되었었다.

호수와 관광 자원

　관광지를 구성하는 요소 가운데 호수의 역할은 대단히 중요하며 또 다양하게 이용되고 있다.

　호수는 경관미의 감상, 낚시, 철새 도래의 관찰 등 정적인 관광과 유람선, 보트, 요트, 조정, 수상 스키 등 동적인 관광을 동시에 할 수 있는 곳이다.

　한국의 경포호, 송지호, 화진포 해수욕장들은 자연 호수를 기초로 바다를 핵으로 한 관광지이다. 인공 호수인 소양호, 충주호, 대청호, 진양호, 산정 호수 등은 호상 유람 관광지로, 경주 보문호 및 서울 석촌호에는 대규모 관광 숙박 시설을 설치하여 호반 유기장으로 활용하고 있다. 일본의 비와호(琵琶湖), 주젠지호(中禪寺湖), 중국의 동정호(洞庭湖), 태호(太湖), 파양호(鄱陽湖) 등에서도 관광

춘천과 양구 사이의 내로 교통로 역할을 하는 소양호　동양 최대의 사력댐이며 청평사 등이 호변에 있어 수변 관광지로도 각광을 받는 곳이다.

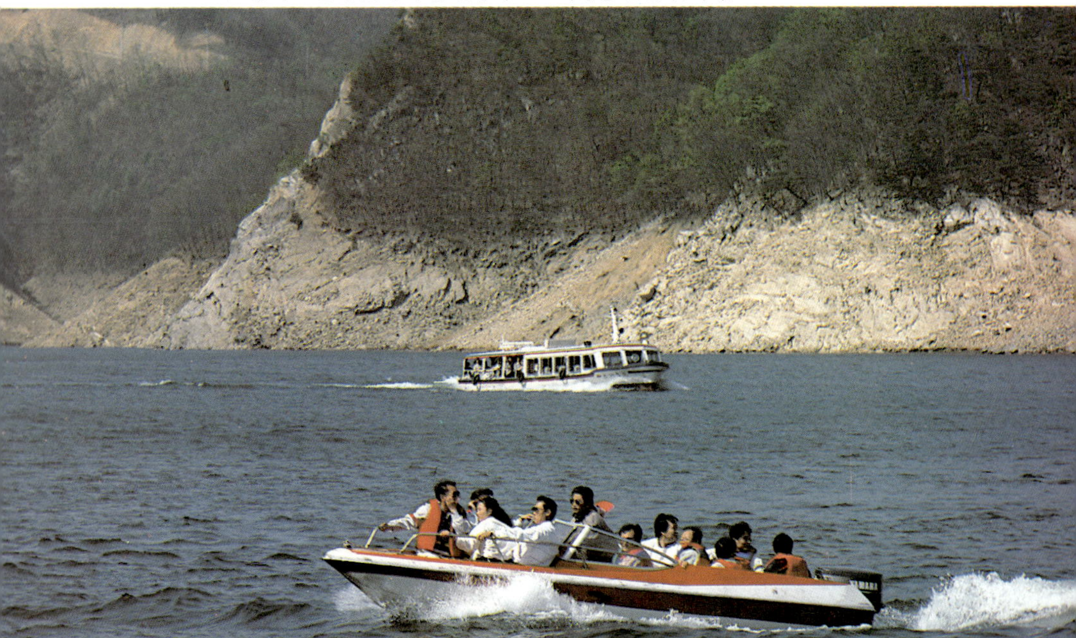

유람선을 흔히 볼 수 있다.

　금강산의 동해 해금강 쪽에는 삼일포, 영랑호, 감호 등의 그림같이 아름다운 자연호가 있어 금강산 경관의 일부분을 차지하고 있다. 이웃 일본의 도와다(十和田), 다이세쓰산(大雪山) 등의 국립 공원도 중요 경관을 호수가 차지하고 있다.

　이런 산중 호수말고 평지 호수는 이른바 수향 경관(水鄕景觀)을 이루어 산책객, 관광객을 끌고 있다. 한국의 팔당호, 청평호, 진양호, 의암호 주변과 일본의 도네강(利根川) 하류의 시오끼(潮來) 방면은 수향 경관 지대로 유명하다. 중국도 평지에 있는 불인지(不忍池) 등에 호중 관광 도로를 건설하고 석조로 태고교(太鼓橋)를 만들고 이것과 연결되는 섬에는 불사(佛寺), 불탑 등의 유리 기와가 푸른 호면에 비추어 호안의 연잎과 어울려 한 폭의 그림같다.

　춘천 입구에 있는 의암호는 최근에 댐 입구 서쪽에서부터 호반 순환 관광 도로가 개통되어 의암 호반의 아름다운 수향 경관을 감상할 수 있게 되었다.

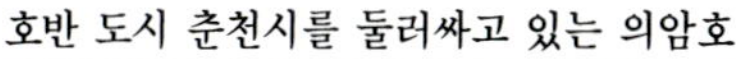

호반 도시 춘천시를 둘러싸고 있는 의암호

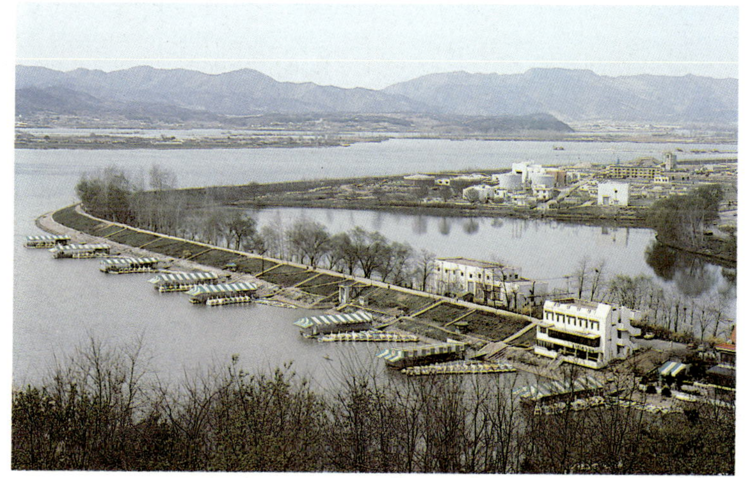

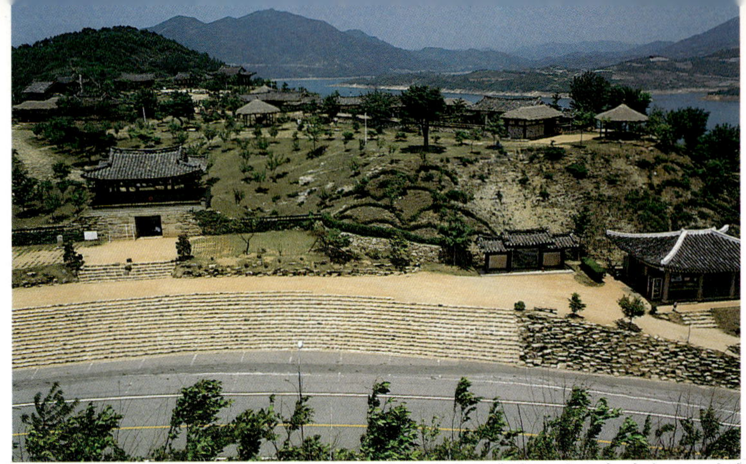

청풍문화재 단지　충주호 건설로 수몰되는 지역 내의 문화재를 한곳에 이전 보존하였다.

　　스위스의 레만호가 유럽 각국의 관광객을 끌어들여 획득한 외화는 그 나라 무역 수지에 상당한 비율을 차지하고 있다. 일본에서는 전에 비와호에서 수영을 할 수 있었기 때문에 수영객을 태운 전차가 오사카에서부터 운행될 정도였다. 영국 북서부 캄파랜드의 레이크디스트릭(Lake District)도 호수 관광지로 유명하다. 여기에서 워즈워드(Wordsworth) 같은 호상 시인들이 살면서 아름다운 시를 썼다.

　　독일 내륙 지방에서는 바다가 멀고 진흙 해안이 많아 호수에서 담수욕하는 사람이 많다. 베를린 교외에 있는 베르다호에는 일요일에 욕객이 초만원을 이루고 있으며 호반 송림 속에는 각종 체육 및 휴양 시설이 많다.

　　충주호에는 충주와 단양을 오가는 큰 규모의 정기 관광 여객선이 있는데 충주 지구의 수안보 온천, 월악산, 조령 관문 등지를 관광한 뒤 호상 유람선을 이용하여 중간에 단양 팔경의 하나인 옥순봉, 금수산 등을 구경하면서 단양에서 하선하여 인근의 구인사, 고수 동굴, 도담 삼봉 등을 관광하기 위해서 이용하는 경우가 대부분이다. 소양호반에도 청평사 지구, 추곡 약수터 등지를 오가는 유람선이 있어 관광객 및 낚시꾼을 실어 나르고 있다.

호수와 용수 자원

자연호는 수향 경관이 좋아 관광 자원으로 이용되는 경우가 많은데 비해 인공호는 초기에 대부분 수력 발전용으로 건설되는 경우가 많았다. 그러나 경제 성장에 따른 소득 증가, 각종 공장 증가, 상업 빌딩의 증가로 대도시에서는 생활 용수, 공업 용수, 빌딩 용수, 소화 용수 등의 사용량이 늘어나 용수 구득난이 심각하게 되었다. 따라서 기존 발전용 댐호에서 각종 도시 용수를 취득하지 않으면 안 되게 되었다.

대도시의 상수원으로 호수를 이용하는 사례는 세계 도처에 많다. 헬싱키시는 페이젠 호수에서, 시카고는 미시간호의 물을, 구마모토는 에즈호에서, 교토는 비와호에서, 도쿄는 가스미게우라 호수의 물을 이용하고 있다. 우리나라의 서울, 과천, 안양, 인천, 안산시 등은 팔당호에서, 대전시와 청주시는 대청호에서, 경주시는 덕동호에서, 진주시는 진양호에서 식수를 끌어다 쓰고 있다.

1939년 일본에 큰 한발이 일어났을 때 오사까시는 비와호 덕분에 단수를 모면했는데 계류에 의존하던 고베시는 1일 2시간만 급수한 사례가 있다. 이것은 호수가 상수도원으로서 중요한 용수 자원이 되고 있다는 증거이다.

한국의 많은 도시들이 호수나 저수지를 상수원으로 사용하고 있다. 1988년 현재 우리나라가 하루에 쓰는 수돗물의 36퍼센트인 4,520만 톤이 호수 및 저수지의 물이다. 한국 주요 공업 지대인 울산, 포항, 여천, 안산, 영등포 공단 등에서 쓰는 각종 생활 및 공업 용수도 대부분이 호수의 물이고 일부가 지하수이다.

호수가 농업 용수로 이용되는 경우도 많은데 삼국시대의 제천 의림지, 밀양 수산제, 김제 벽골제 등은 농업용 관개 저수지로 유명한데 지금까지도 유구가 존재한다.

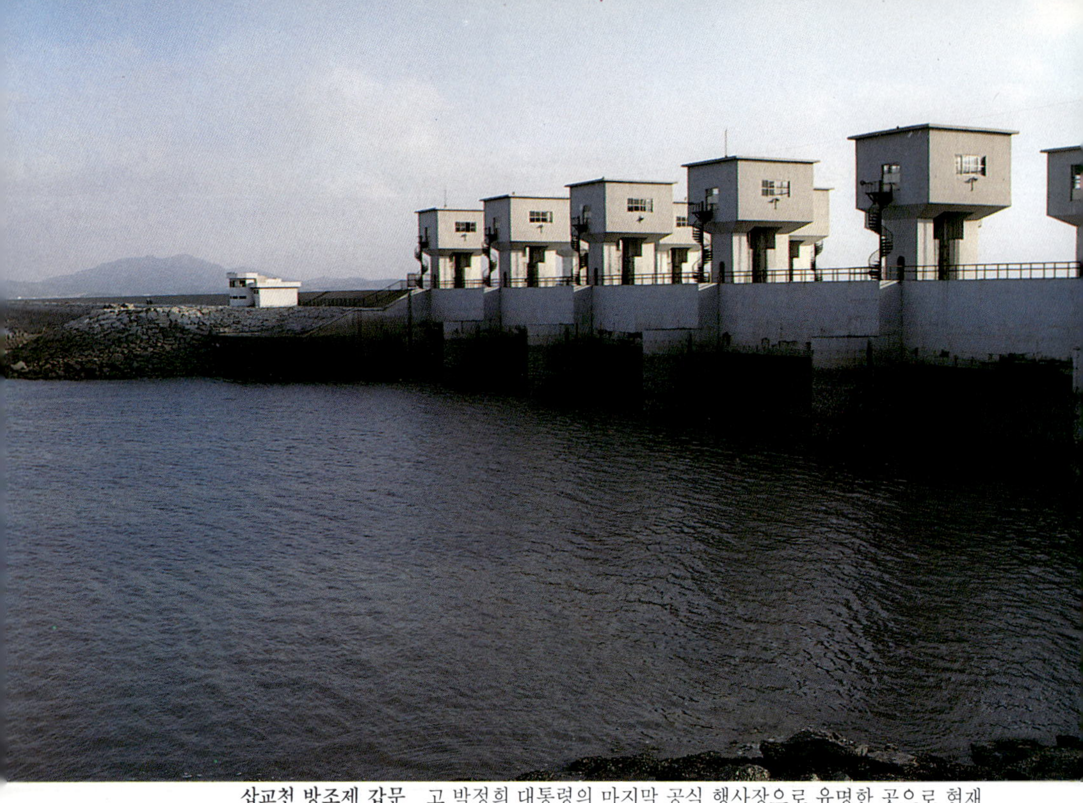

삽교천 방조제 갑문　고 박정희 대통령의 마지막 공식 행사장으로 유명한 곳으로 현재 삽교천 국민 관광지로 개발되어 있다.

이 밖에 삽교호, 아산호, 대호, 남양호, 영산호 등은 주목적이 농업 용수를 공급하는 것이며 해수 역류 현상에 의한 홍수를 예방하기 위한 것이다.

최근의 호수는 다목적용으로 건설되어 관개, 수산 양식, 수력 발전, 상수도원, 관광용을 겸하고 있다.

호수를 다목적으로 이용하는 경우는 대개 하천 중상류에 인공댐을 건설하여 하천 유량을 조절하여 홍수를 예방하고 전력을 생산하고 경관미를 살려 관광 자원화하고 상수도 수원지로 활용하는 것으로 수자원화의 좋은 예이다.

삽교 호반에 지는 서해 낙조

북한의 자연 호수

백두산 천지(天池)

백두산(2,744미터)은 배달 민족의 성지이며 7천만 민족의 영산으로 우리 민족 혼이 발아되어 5천 년 역사 속에서 우리의 조상들이 웅지의 꿈을 폈던 곳이다.

북위 46도 1분 23초, 동경 128도 11분에 위치하고 있는 백두산은 산정에 일 년 내내 거의 눈이 쌓여 있고 흰 부석(浮石)이 덮여 있어 언제나 희게 보이기에 붙여진 이름이다.

「삼국유사」'고조선조'의 "강어태백산정단수하(降於太白山頂檀樹下)" 기록과 「삼국사기」 고구려 시조 '동명성왕편'의 "득여자 어태백산 남우발수(得女子於太白山南優渤水)"의 기록으로 보아 백두산은 처음에 태백산으로 불린 것을 알 수 있다. 그 뒤 「고려사」에 "자호 성골장군 자백두산유지부소산좌곡(自號聖骨將軍自白頭山遊至扶蘇山左谷)"이라 하여 처음으로 백두산 명칭이 나온다. 이후 「동국명산기(東國名山記)」 「임하필기(林下筆記)」 「해동역사(海東繹史)」 등의 고서에 백두산 명칭이 나온다.

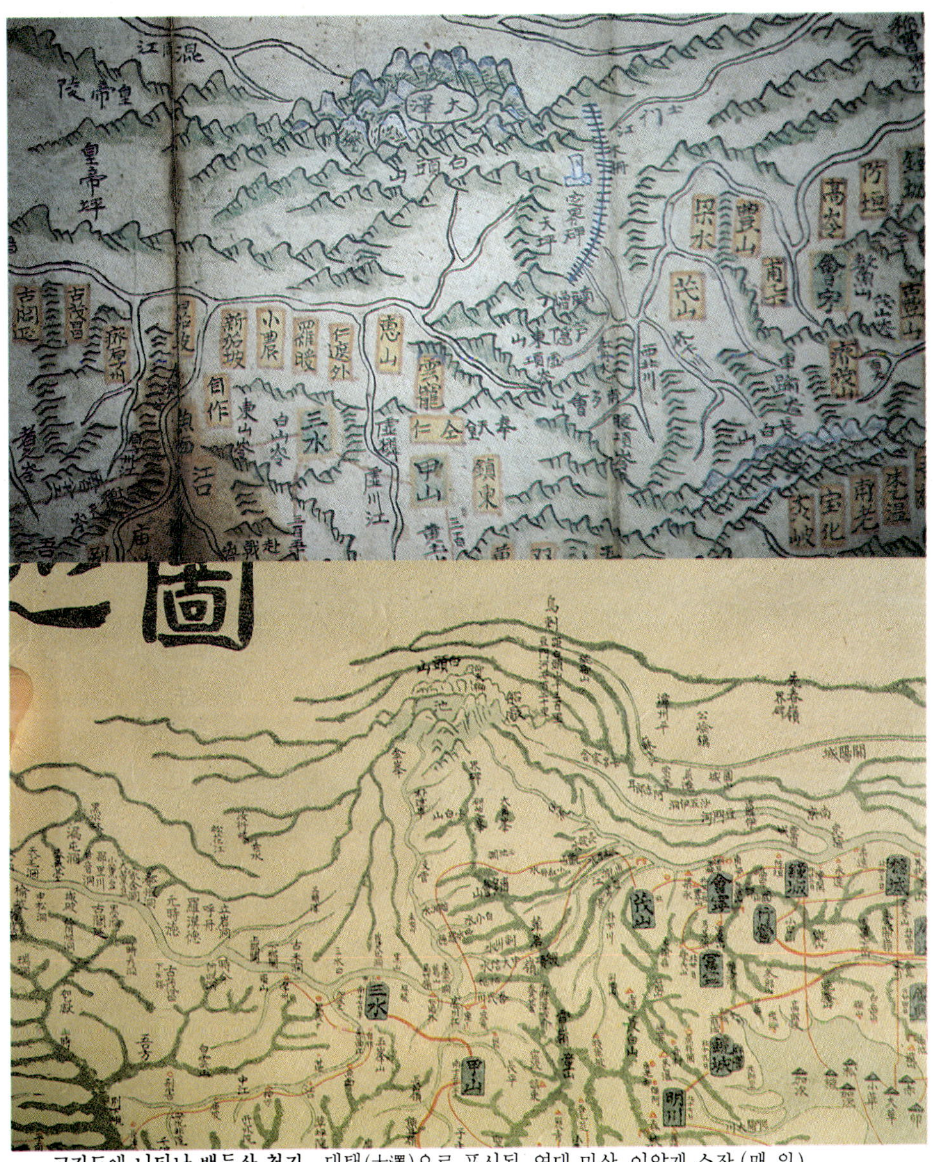

고지도에 나타난 백두산 천지   대택(大澤)으로 표시됨. 연대 미상, 이양재 소장.(맨 위)
고지도에 나타난 백두산 천지   지(池)로 표시됨. 東國輿地圖.(위)

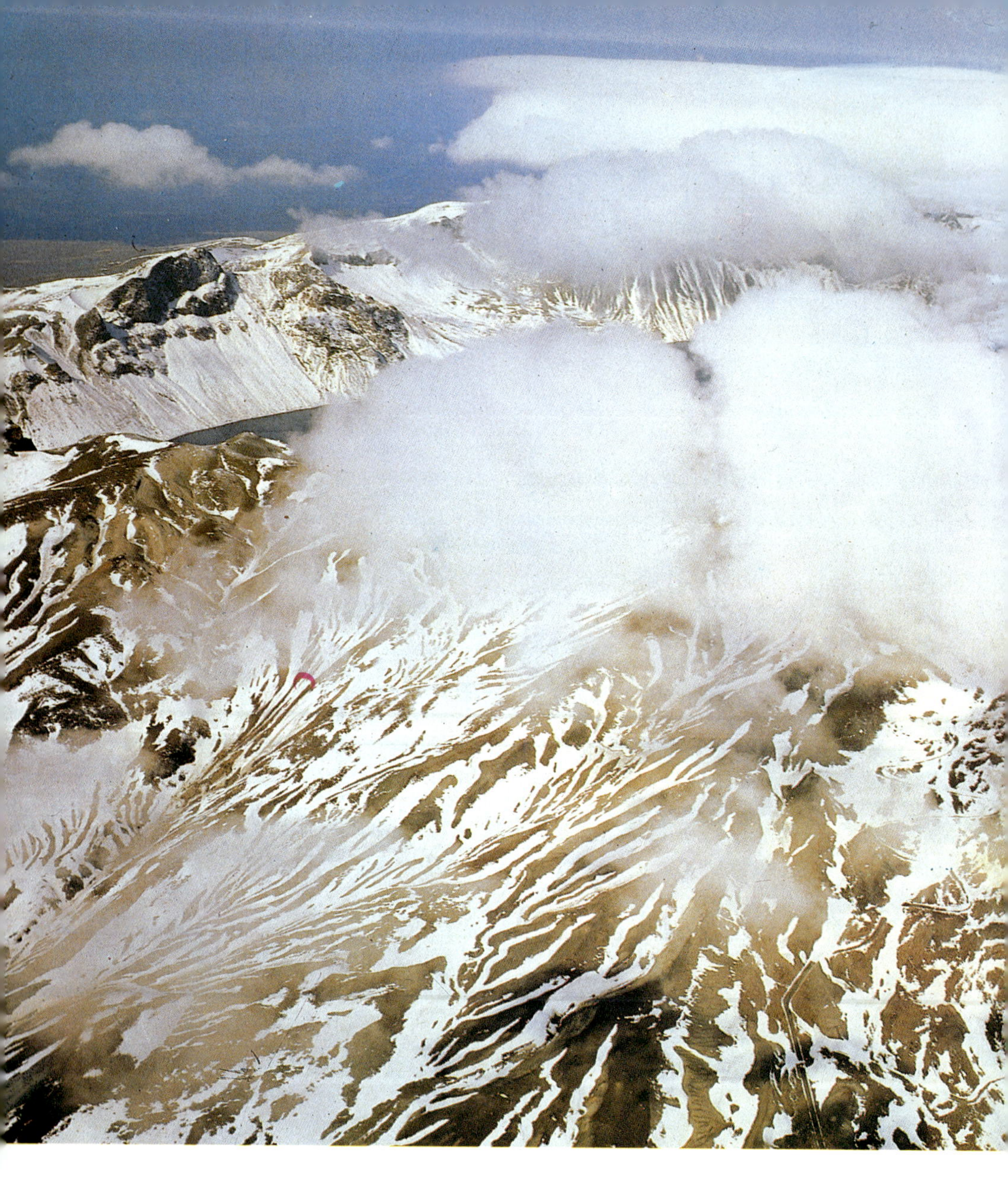

54 북한의 자연 호수

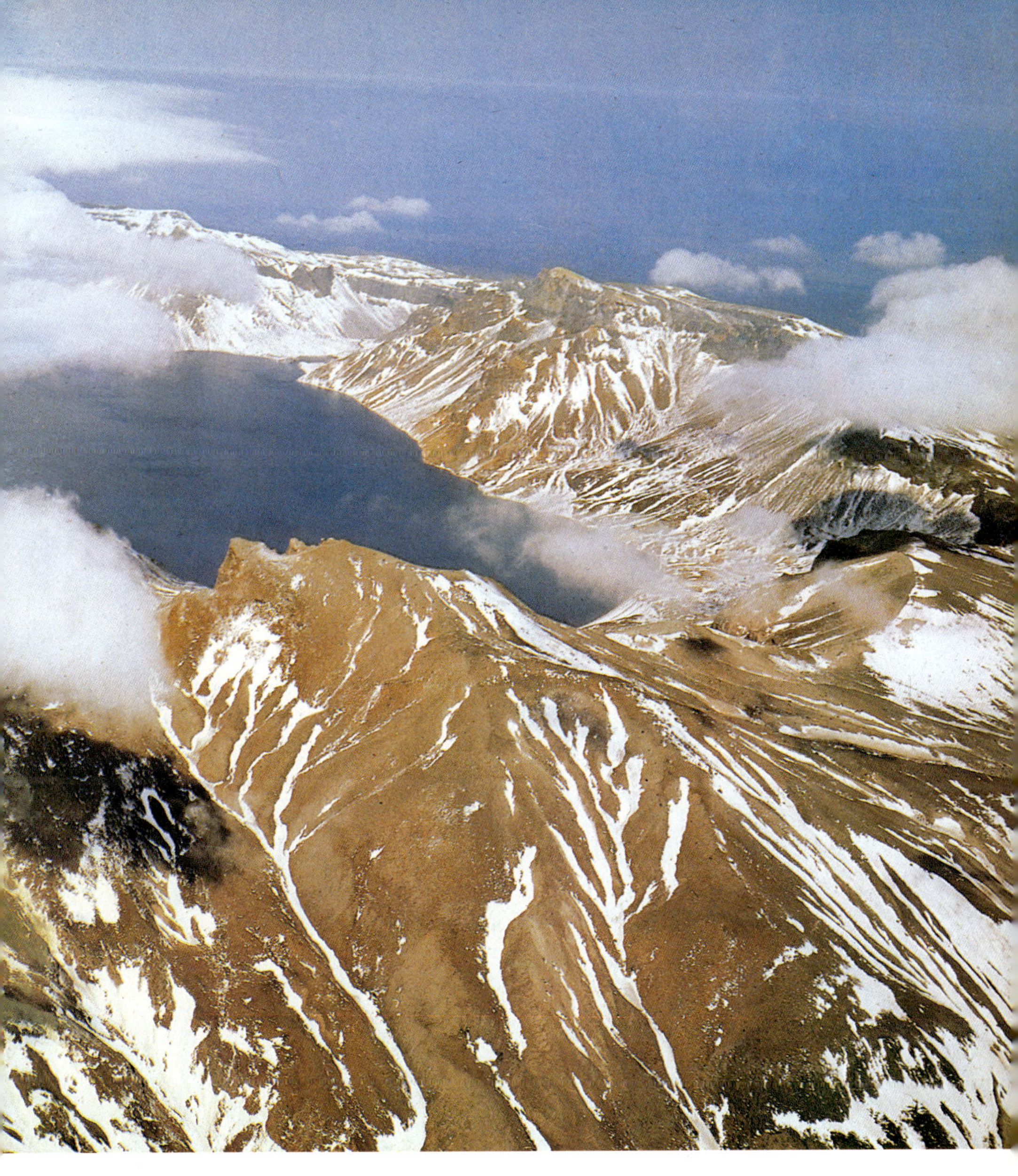

운해에 덮인 7천만 민족의 영산인 백두산 천지   세계 최고의 산상 호수로 최대 수심
384미터이다.

중국의 「산해경(山海經)」에는 불감산(不咸山), 「후한서(後漢書)」에는 개마대산(蓋馬大山), 「후위서(後魏書)」에는 도태산(徒太山), 「북사(北史)」에는 종태산(從太山), 「신당서(新唐書)」에는 태백산(太白山), 「금사(金史)」에는 백산(百山), 「대청질일지(大淸秩一志)」에는 장백산(長百山) 등 여러 명칭을 가지고 있다.

「조선왕조실록」에 보면 백두산은 선조 30년(1597) "포성대석절출 백두산부근 지진발생 천수색위적색 토수용출(砲聲大石折出白頭山附近地震發生川水色爲赤色土水湧出)" 현종 9년(1668) "함경도종성부우회 심녕동일우회(咸鏡道鍾城府雨灰審寧同日雨灰)" 숙종 28년(1702) "백두산분화 부령경성 연염견강회우 천지홀연회회(白頭山噴火富寧鏡城煙焰見降灰雨天地忽然晦晦)"라는 기록이 있는 것으로 보아 18세까지도 화산이 분출했음을 알 수 있다.

백두산은 중생대부터 신생대 초에 걸쳐 1,000 내지 1,500미터의 융기 고원상에 형성되었다가 다시 신생대 제3기 말부터 제4기 초에 다량의 현무암이 분출하여 반경 30리에 걸쳐 최초 종상 화산을 형성한 뒤 차차 냉각됨에 따라 균열이 생기고 산정 부분이 함몰하여 칼데라호인 천지를 형성하였다. 따라서 무두봉(1,929미터) 부근부터 산정까지는 조면암으로 된 구 종상 화산의 형태가 남아 급경사를 이루고 있으나 2,200미터 이하는 순상 화산으로 되어 있다.

백두산은 그 뒤 천지의 호저에서 상승한 알칼리 유문암이 폭발하여 다공질의 백색 경석(輕石)이 사방으로 많이 흩어져서 현무암을 덮어 백색으로 보이나 일부에서는 그 위에 또다시 현무암이 경석을 덮은 경우도 있다. 제4기 홍적세 때에 백두 화산대의 열하(裂罅)를 따라 백두산과 그 남동쪽 설령(雪嶺) 만탑산(萬塔山)과 일직선상으로 분출공에서 현무암이 대분출하여 남북 4,000킬로미터, 동서 240킬로미터의 현무암 용암 대지를 형성하였다.

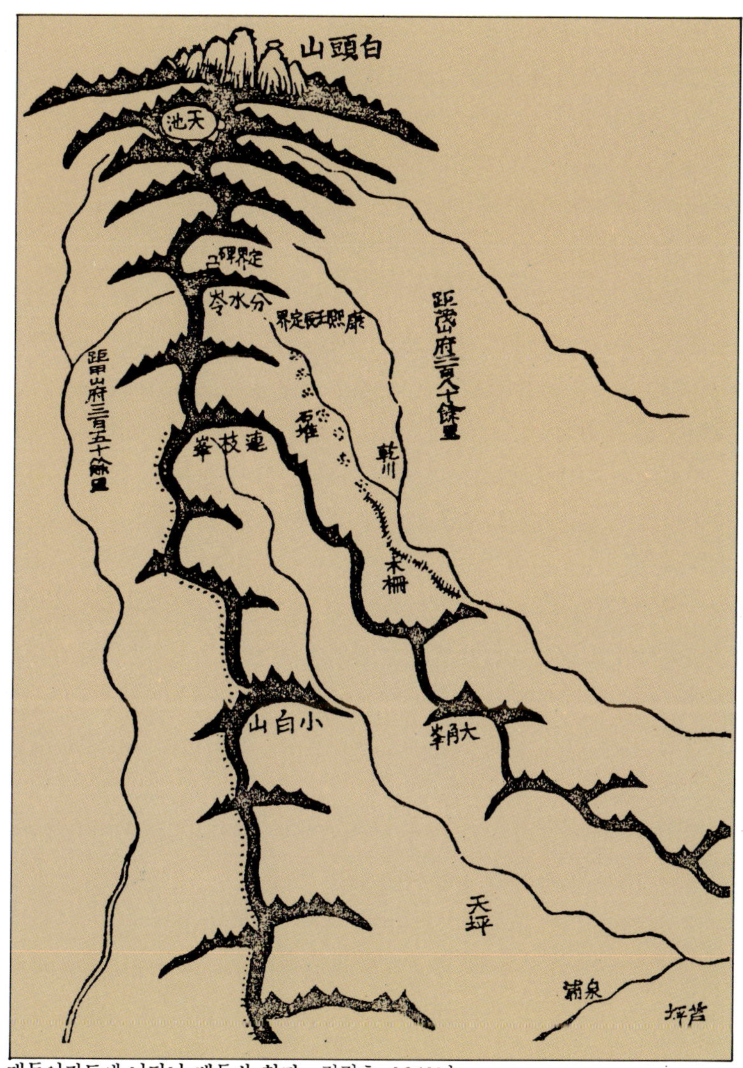

대동여지도에 나타난 백두산 천지 김정호. 1861년.

여러 차례의 분출로 형성된 현무암층은 백두산 부근에서 500미터 안팎으로 이루어져 주위로 가면서 점점 낮아진다.

백두산 동부 무산 쪽의 삼지연(三池淵)에서 신무성을 지나 원지(圓池)에 이르는 반경 30킬로미터, 고도 1,500미터 지역의 광활한 용암 대지의 원야는 예부터 천리천평(千里天坪)이라 하여 천혜의 대수해(大樹海) 지역으로 유명하다.

천지는 천지 창조의 신비함을 간직한 천상(天上)의 호수라는 뜻으로 대택(大澤), 대지(大池), 용왕담(龍王潭), 달문담(闥門潭), 신분(神溢), 용궁지(龍宮池), 천상수(天上水), 달문지(闥門池) 등 다양하게 불렸다.

북한의 「지리상식백과」(1986년)에 의하면 천지는 넓이 9.165 제곱킬로미터, 둘레 14.4킬로미터, 최대 수심 384미터, 평균 수심 213.3미터, 최대 너비 3.55킬로미터, 평균 너비 1.975킬로미터, 수체적 19억 5,500만 세제곱미터, 수면 표고 2190.15미터(1981년 7월 관측)로 되어 있다. 세계 최고로 알려진 페루와 볼리비아의 국경에 있는 티티카카호(최대 수심 304미터)와 2위인 소련의 레닌그라드 근처에 있는 라도가호(225미터)보다도 더 깊어 세계 최심의 산상 호수로 밝혀졌다.

천지는 물이 불어도 수위가 50센티미터 이상을 넘지 않으며 그 이상이 될 때는 북쪽의 화구벽이 터져서 생긴 달문(闥門)을 통해서 승사하(乘槎河)라고 부르는 계곡을 통해서 흘러 넘친다.

달문은 천지의 유일한 유출구로 폭이 약 30미터 가량 되는 협곡으로 만주인들은 대궐문이라 부른다. 이곳을 통해서 유출된 물줄기는 약 900미터 하류로 흘러가 높이 64미터의 장백폭포(비룡폭포)로 떨어져 만주의 송화강 지류인 이도백하(二道百河)로 유입된다. 장백폭포를 뒤로 하고 500여 미터 내려가면 섭씨 82도 정도의 노천 유황 온천이 나온다.

천지 주변에는 16개의 봉우리가 있는데 7개는 북한에, 9개는 중국에 속해 있으며 천지 수면은 5분의 3이 북한에, 5분의 2가 중국에 속한다.

천지 주변에는 최고봉인 장군봉(將軍峰, 2,744미터 ; 해방 전 일본인들은 兵使峰이라 부름, 최근 북한은 2,749.6미터로 발표함)을 비롯하여 성난 사자가 울부짖기 위해 혀를 내밀고 하늘을 쳐다보는 것 같은 형상을 한 망천후(望天吼, 2,651미터), 물결이 출렁이는 형상을 한 비류봉(沸流峰, 2,527미터), 흰 바위로 된 백암산(百岩山, 2,741미터), 험난한 바위가 첩첩이 쌓여 있는 형상의 층암산(層岩山, 2,735미터), 지는 햇볕을 가린다는 차일봉(遮日峰, 2,635미터) 등이 있다.

천지의 수원은 빗물이 69.14퍼센트, 천지 밑 호저에서 솟아오르는 온천수 및 광천수가 30.86퍼센트이다. 칼슘, 칼륨, 마그네슘 등 광물질이 1리터당 2,000밀리그램 이상으로 풍부하고 투명도가 14미터나 되는 등 맑고 깨끗하여 식수로도 이상적이다.

천지의 7월 평균 수온은 섭씨 9.4도, 깊은 곳의 평균 수온은 섭씨 4도로 웬만한 생물은 살지 못한다.

호수의 물은 10월 중순부터 그 다음해 6월 중순까지 결빙된다. 얼음 두께는 약 3미터이며 그 위에 다시 약 3미터의 눈이 쌓인다.

천지는 연중 270여 일이 구름과 안개, 바람에 휩싸이고 여름철에는 비가 자주 온다. 연강수량은 1,500밀리미터로 다우지에 속하며 바람이 시속 20미터 이상 강하게 불면 1 내지 1.5미터 이상의 호파가 일어난다.

먼 옛날 하늘에 살던 압록, 송화, 도문의 세 처녀가 천지 경관에 반하여 하늘의 계율을 어기고 목욕하러 왔다가, 도문 선녀의 옷이 물에 떠내려가는 바람에 승천하는 시간을 놓치고 말았다. 이를 안 천왕이 진노하여 천지의 물을 세 갈래로 갈라 놓아 오늘날의 압록강, 송화강, 도문강이 되었다는 전설이 깃든 천지 호반에는 눈 속에서 곱게 피어나는 만병초를 비롯하여 126종의 식물이 분포한다. 또한 산천어를 비롯하여 한두 가지 종류의 물고기와 몇 종의 식물성 플랑크톤과 이끼류가 살고 있다.

백두산이 천하의 명승지라고 불리는 것은 바로 천지가 있기 때문이다. 천지의 물은 담청색을 띨 정도로 맑고 투명하여 천지 호면이 고요히 가라앉을 때에는 화구벽의 미려한 조면암이 물 가장자리에 거꾸로 비치는데 그 양상이 안개, 구름, 태양에 따라 천태 만상으로 변하여 아주 신비스럽고 장엄하다.

북한은 백두산 중턱 백두역에서 천지 호반 근처까지 1989년에 전차를 개설하여 관광객을 실어 나르고 있다. 35인승 2량으로 인크라인식이다.

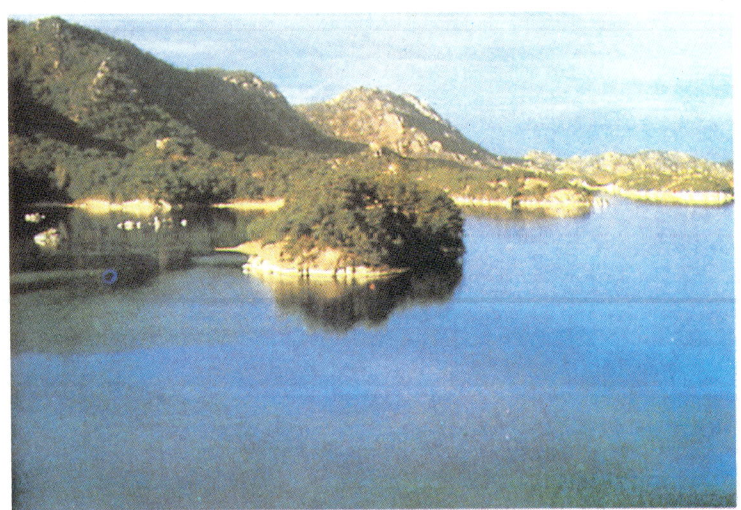

천하 명승지 금강산에 있는 삼일포 호수　북한의 3대 관광 호수 중의 하나이며 명승지 제218호이다.

금강산 삼일포(三日浦)

삼일포는 강원도 고성군 삼일포리 남강 하류에 있는 석호로 천하 명승지인 금강산에 있는 여러 호수 가운데 가장 아름답다. 남강이 하류로 운반 퇴적한 토사가 해안 작용에 의해서 만의 입구를 가로막아 형성된 자연호이다.

온정리에서 동남쪽 12킬로미터 지점에 있는 이 호수는 백두산 산록의 삼지연, 통천의 시중호와 함께 북한의 3대 관광 호수로 명승지 제218호로 지정되었다.

넓이는 0.79제곱킬로미터, 둘레 5.8킬로미터, 길이 1.8킬로미터, 너비 0.6킬로미터인 삼일포는 옛날에는 폐쇄된 와지가 아니고 암석 해안에 어귀가 아주 좁은 소만입(小湾入)으로 북강과 통해 있었다.

'삼일포의 뱃노래'로 북한의 일반 대중에게 잘 알려진 삼일포는 예부터 관동 팔경의 하나로 이름이 널리 알려져 있다. 삼일포는 삼일호(三日湖), 삼지(三池)라고도 불리는데, 호수 경관으로는 한국에서 으뜸가는 곳으로 금강산 초입에 위치해서 금강산 관광길에 한번씩 들르는 곳이다.

이중환이 250여 년 전에 쓴 「택리지」 '산수조'에도 "고성의 삼일포는 맑고 묘한 중에 화려하고 그윽하고 고요한 중에 명랑하다. 숙녀가 아름답고 단정한 것 같아서 사랑스럽고 공경할 만하다. 강릉의 경포대는 한나라 고조(高祖)의 기상 같아 활발한 중에 웅장하고 아늑한 중에 고요하여 그 형상을 말할 수 없다. 흡곡의 시중대는 명랑한 중에 엄숙하고 까다롭지 않으면서 깊숙하다. 마치 유명한 정승이 관청에 좌정한 것 같아 가까이 할 수는 있어도 업신여길 수는 없다. 이 세 곳이 호수와 산으로서는 첫째가는 경치이다"라고 기술하고 있다.

삼일포는 동서남북으로 병풍처럼 둘러싼 외금강 산봉리, 국지봉,

월비산, 구선봉, 적벽산, 용산, 차산, 해금강 봉우리 등 서른여섯의 푸른 산봉우리들 속에 잔잔하게 고여 있는 수정같이 맑은 호수와 호변에 있는 흰 모래 사장과 소나무숲과 참대숲이 기묘하게 조화를 이룬 와우도가 한데 어울려서 한 폭의 풍경화를 보는 것 같이 아름답다.

와우도는 옛날에는 몇 그루의 노송이 표송으로 서 있다 하여 송도(松島)라고 불렀으나 근래에는 '누워 있는 소'와 같이 생겼다 하여 와우도(臥牛島)라 하며 정상에는 정자가 있다.

와우도에서 노를 저어 서쪽으로 가면 호수 위에 길쭉한 머리를 내민 작은 돌섬인 단서암, 사선정터, 무선대 등이 오랜 전설과 함께 남아 있다.

단서암은 여러 개의 길쭉한 큰 바위섬인데 옛날 신선들이 여기 와서 놀다가 "술랑도 남석행(述郞徒南石行)"이라고 석 자씩 두 줄로 새겨 놓았는데 '글자들이 붉은색을 낸다' 하여 단서암(丹書嵓)이라 부른다. 15세기까지는 모든 글자가 뚜렷하게 보였는데 마모되어 근래에는 호수의 물이 적을 때 "남석" 두 글자만 어렴풋이 보인다.

단서암 북쪽에 낮고 펑퍼짐한 사선정(四仙亭)터가 있는 바위섬이 있다. 신라 때에 영랑(永郞), 술랑(述郞), 남석랑(南石郞), 안상랑(安祥郞)이 놀던 곳으로 네 사람은 벗이 되어 벼슬을 사양하고 산수 속에서 놀기를 좋아해 경치 좋은 이곳 삼일포까지 와서 도(道)를 깨쳐 신선이 되어서 갔다고 한다. 따라서 그들이 삼 일 동안 놀고 간 호수라 하여 사람들이 뒷날 삼일포(三日浦)라고 명명했다.

옛 신선들이 놀다 간 것을 기념하여 세운 정자가 사선정이다. 이 사선정은 1326년 강릉존무사 박숙정이 세웠고 그 뒤 여러 차례 중건 보수를 하였으나 현재는 정자의 기둥을 떠받든 주춧돌만이 남아 있다.

이 밖에 삼일포에는 옛날 신선들이 춤을 추고 놀았다는 무선대

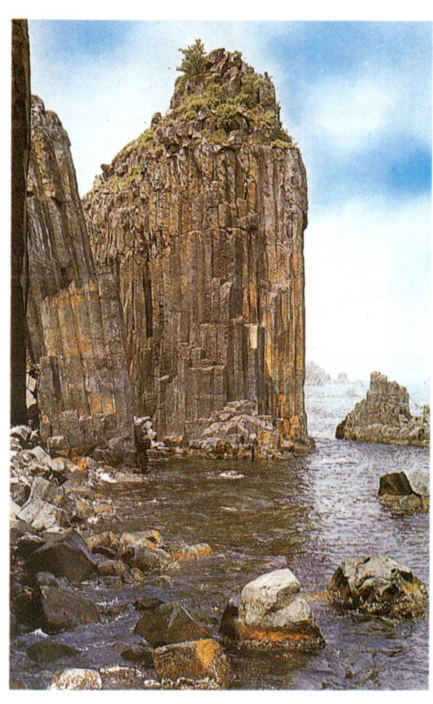

금강산 삼일포 인근 동해안에 있는 해금강 주상절리의 바위 형상이 자연의 오묘함을 느끼게 한다.

(舞仙臺), 향기롭고 몹시 찬 샘물이 흘러나오는 바위샘 몽천(夢泉)과 그 주변의 백사장 및 보트장, 삼일포의 전경을 한눈에 볼 수 있는 장군대(將軍臺)의 충성각, 양사언이 공부했다는 봉래대(蓬萊臺), 연꽃바위 전망대인 연화대(蓮花臺)가 있다.

가볍게 불어 오는 해풍으로 파도가 잔잔히 물결치면 물 위에 비낀 서른여섯 봉우리가 함께 춤을 추듯 일렁거리고 한가로이 날던 갈매기늘이 물 위에서 깃을 지며 사냑실을 하는 삼일포의 경관은 신신이 매혹되어 사흘씩이나 놀고 갈 만한 명승지이다.

삼일포는 현재 관광지로 개발되어 담수욕, 보트 놀이를 할 수 있고 호반에 향토 음식점이 있고 바위 언덕 장군대에 전망 시설이 있다.

광포(廣浦)

　광포는 함남 정평군 정평면, 주이면, 광덕면과 함주군 주지면, 연포면, 선덕면 사이에 있는 석호로 우리나라 최대 자연 호수로 지금까지 알려져 왔다. 그러나 함북 경흥군에 있는 서번포(西藩浦)의 넓이가 16.12제곱킬로미터로 광포의 넓이 9.02제곱킬로미터보다 약 1.8배나 더 크다. 「북한총람」(1983년, 북한연구소 발행)에는 광포의 넓이가 13.39제곱킬로미터로 최고 큰 것으로 되어 있고 서번포에 대한 기록은 없지만 북한의 「지리상식백과」(1986년)를 비롯하여 모든 책에는 서번포가 국내 최대 자연호로 소개되고 있다. 광포는 넓이 9.02제곱킬로미터, 둘레 31킬로미터, 길이 10킬로미터, 너비는 0.9킬로미터, 평균 깊이는 0.8미터로 일명 느른개(넓은 갯벌), 연포(連浦), 도련포(都連浦), 도린포(道麟浦), 이응포(裏應浦)라고 하며, 북한 천연기념물의 지리 부문 제268호로 지정되어 있다.

　동해와 잇대어 동서 방향으로 위치한 광포는 여위천(汝渭川), 주이천(朱伊川), 원수천(院水川), 선덕천(宣德川), 다호천(多湖川), 봉태천(鳳抬川), 남산천(南山川), 송오천(松塢川), 향동천(香洞川) 등 60여 개의 중, 소 하천이 유입되면서 많은 토사를 퇴적시켜 호수가에 비옥한 평야를 만들었다.

　호수의 북쪽과 서쪽에는 넓은 평야 지대가, 남쪽 선덕면 일대는 낮은 구릉 지대로 과수 지대이며 동쪽 바닷가 광포 입구는 사주가 연이어 있는 흰 모래 사장이 펼쳐져 있다.

　광포는 사주가 계속 바다 쪽으로 전진한 결과 내륙 깊숙히 파묻혀 대부분 담수 호수화했다. 광포는 현재 유입되는 여러 하천에 의해서 호성(湖成) 삼각주가 형성되어 호수 면적이 점점 좁아지고 있다.

　남쪽에는 광덕천과 선덕천이 합성한 삼각주가 있고 중부에는

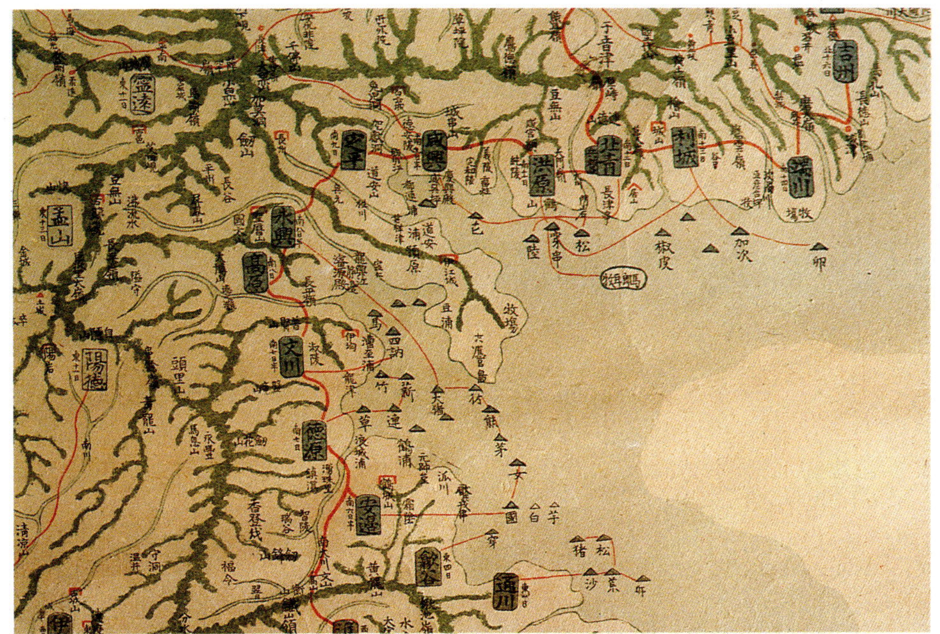

고지도에 나타난 광포 광포의 옛이름인 도련포(都連浦) 지명이 고지도의 함흥(咸興) 밑에 보인다. 東國輿地地圖.

봉태천이 형성한 조취상(鳥嘴狀) 삼각주가 성장하여 대안에 육계하려는 위치에 있다.

동부에는 원수천이 만든 조취상 삼각주가 이미 대안에 연결되어 광포를 동서 2개의 호수로 나누어 놓았다. 이 밖에도 광포에 유입되는 5개의 소하천이 각각 소규모의 삼각주를 형성하였다. 광포 주변의 평야에는 개척 역사가 짧은 것을 나타내는 흥(興) 지명과 호수와 관계된 호(湖), 포(浦) 지명이 많다.

광포는 실말, 마름 등 28종의 수생 식물이 자란다. 특히 13종의 부엽 식물이 자라고 있고 물의 깊이가 양어장으로서 알맞아 현재 북한에서는 위 광포에서 잉어, 초어, 붕어 등 물고기류와 오리 및 조개류를 대규모적으로 양식하고 있다. 또 염수가 섞이는 아래 광포에서도 숭어, 황어, 빙어 등이 철따라 밀려 들어와 많은 고기가 잡힌다. 광포 오리고기는 맛이 뛰어나 향토 식품으로 애용되고 있다.

잔잔한 물결 위에 비친 기묘한 층암 절벽과 푸른 소나무의 시원한 그림자, 바닷가 모래밭에 붉게 핀 해당화, 호수의 기슭을 따라 핀 난초 및 연꽃 등이 황홀한 조화를 이룬다. 그 옛날 갈대와 잡초만 무성하고 뭇새들이 깃을 접던 광포에는 현재 북한에서 대규모 광포 오리 공장을 가동하고 있다.

일제 때에는 조금만 비가 와도 호수가 넘쳐 수해를 입었으나 현재는 수로가 건설되어 정평, 광덕, 광향, 선덕 수리 조합 등지에서 농업 용수로 이용하여 수천 정보의 농경지를 적시고 있다.

숙종(1675~1720년) 때 함흥 감사로 취임했던 약천(藥泉) 남구만(南九萬)은 함흥 십경으로 일우암(一遇岩), 일악폭포(日岳瀑布), 금수굴(金水窟), 제성단(祭星壇), 구경대(龜景台), 광포(廣浦), 낙민루(樂民樓), 격구정(擊毬亭), 지락정(知樂亭), 본궁심전(本宮深殿)을 들어서 광포를 10경에 포함시켰다.

지금부터 400여 년 전에 연포면 광포에 해월헌(海月軒)의 정자를 세운 문동호(文東湖)가 1580년에 지은 「함산통기(咸山通記)」에 보면 "광포는 함흥부의 남쪽 40리 밖에 있으며 포의 넓이와 둘레는 대략 50 내지 60리가 되며 맑은 물이 넓고 깊게 층층이 괴어서 서쪽으로는 정평에 뻗치고 남으로는 몽진(夢津;지금은 夢祥里)에 접하였다"라고 기록되어 그 크기가 굉장했음을 알 수 있다. 또 "이 포에서는 자라를 기르는 곳도 있었으며 오리와 기러기도 서식하였다. 그로 인하여 어창(漁倉)이라고 불렀으며 관에서 이곳의 물고기를 식량으로 공급하라고 지시할 정도로 물고기가 많았다. 따라서 관의 명령을 어기기도 어렵고 또 관의 명령을 지키자니 눈이 빽빽한 그물을 써서 고기를 잡다 보면 어족을 고갈시킬 염려도 없지 않으니 걱정스럽다"고 기록하여 물고기가 아주 많음을 나타내고 있다.

남구만도 300여 년 전에 광포를 답사하고 기행문을 남겼는데 옛 광포의 이모저모를 알 수 있는 귀중한 자료로서 내용은 다음과 같다.

고려 문종 9년(1055)에 비로소 선덕진(宣德鎭)을 쌓고 덕주 방어사(德州防禦使)라 칭하였다. 지금 그 땅은 선덕사(宣德社)가 되고 사의 중앙에 있는 광포는 너비가 10리, 길이가 30여 리이며 포 가운데 용암(龍岩)이 있고 용암에서 남쪽 기슭을 쳐다보면 사창(社倉)과 영귀정(咏歸亭)이 있는데 이 정(亭)은 옛날 오현 서원(五賢書院)의 객당(客堂)이었다.

본인이 이곳에 온 때는 서원은 이미 옮겼고 정(亭)만 남아 있었다. 영귀정에 올라 북쪽을 바라보니 푸른 물결이 양양하여, 하늘과 더불어 한 빛이요, 고기잡이를 하는 배들은 닻줄을 올리면서 왕래하는 것이 사수(沙水)의 가장자리에까지 연이어 있다. 갈대밭이 바라다보이며 그곳에 서숙(棲宿)하는 기러기들의 수가 수천 마리이다. 기러기들은 무리를 지어 물결을 따라 떠돌아다닌다.

포의 북쪽 언덕에는 마을이 연접하고 있는데 그 마을 주위의 멀리 떨어져 있는 나무는 가깝게도 또는 멀게도 보였다. 포의 밖으로는 큰 둑이 있고 둑이 끝나는 곳의 모든 산들은 떨치면서 달리는 형세로 구름 속에 잠겨 있다. 그 평원하고 유창한 경승은 등산이나 임해에 비길 만하다.

정자로부터 포를 끼고 남으로 옮겨가면 해월정(海月亭)의 옛터가 나오는데 이것은 고(故) 좌랑(佐郎) 문덕교(文德敎)의 별장이다. 헌하(軒下)의 둥근 호수와 호수 밖의 평사(平沙)와 평사 밖바다 경치의 절승함은 정자와 더불어 서로 갑을을 다툰다. 문공(文公)은 행실이 어진 사람이어서 작고한 뒤에 선덕사에서 제사하고 호를 동호(東湖)라고 칭하였다.

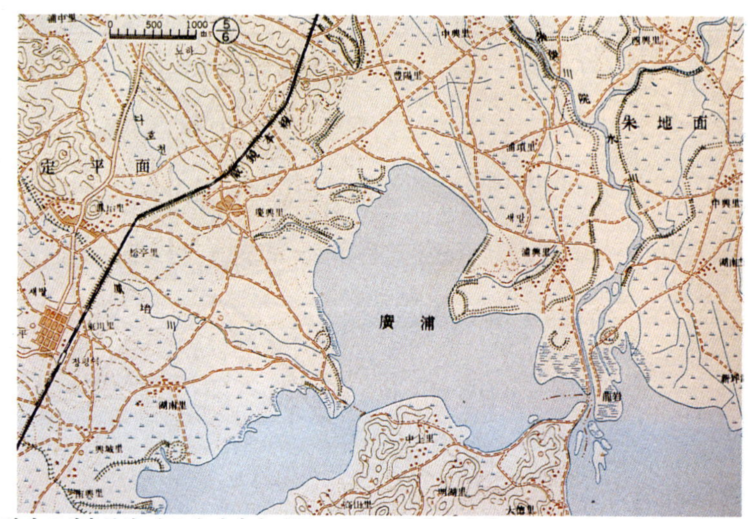

일제 조선총독부 지도에 나타난 광포 광포의 형상이 용암(龍岩) 지명과 함께 뚜렷하게 보인다. 1910년.

광포는 담수와 염수가 만나기 때문에 어창(漁倉)으로 유명한데 특히 재첩(가막조개)이 많아서 함산 지방 사람들은 흉작이면 초근 목피로 연명하다 굶어죽는 일이 많았지만 광포와 인접한 주지면, 정평면, 선덕면 사람들은 3년 계속 흉작이 들어도 재첩을 잡아먹고 연명하였다 한다. 태평양 전쟁 때에는 일본군 사령부도 1일 10가마 씩 재첩을 이곳에서 보급받았다.

광포는 동해와 어귀가 좁은 광포강(廣浦江)을 통하여 고깃배가 항상 드나들며 고려시대에는 병선이 주둔하기도 했다. 고려시대에 축성한 천리장성은 압록강 하구에서 시작하여 광포 북안에 있는 연포(옛이름 도련포)에서 끝난다. 이 광포 앞 약 4킬로미터 정도 떨어진 동해에는 연꽃 같은 산릉과 연꽃잎 같다는 해안선을 가진 꽃섬(花島, 蓮花島)이 있어 봄이나 여름철에는 함흥, 흥남 지방에서 많은 피서객이 몰려 온다.

시중호(侍中湖)

원산에서 금강산으로 가는 중간 지점인 강원도 통천군 송전리 동부 바닷가 도로 옆에 있는 시중호는 최근 남북 금강산 공동 개발의 시범 구역에 포함될 정도로 동해안의 명승지이다.

시중호는 원래 작은 만이었던 것이 사주로 된 모래톱에 의해서 만의 입구가 가로막혀서 형성된 석호이다.

조선시대에 호수 남동쪽 언덕 위에 대(臺)를 세워 칠보대(七寶臺)라고 불렀으나 세조 때 감사 한명회(韓明澮)가 이곳에서 잔치를 벌이고 놀다 시중 벼슬에 임명되었다는 왕명을 받았다 하여 고을 사람들이 시중대(侍中臺)로 고쳐 불렀고 이것이 시중호의 유래가 되었다.

시중호는 일명 강동호(江東湖)라고 불리는데 넓이는 2.94제곱킬로미터, 둘레는 11.8킬로미터이며 길이는 3.5킬로미터, 너비는 0.8킬로미터, 바다와의 거리는 300미터 정도 된다. 호수 바닥은 두터운 감탕층으로 되어 있어 여러 가지 병 치료에 쓰이며 시중호 요양소가 현재 있다. 감탕은 검은 진흙을 몸에 바르거나 몸을 진흙 속에 넣어 신병 치료, 건강, 미용을 위해서 하는 온천으로 특히 내분비 질환, 신경통, 위장염, 간염, 대장염 치료에 효과가 있다 한다.

시중호는 삼면이 사철 푸른 소나무가 우거진 산언덕으로 둘러싸여 있고 좁고 가는 백사장을 경계로 동쪽은 동해, 서쪽은 드넓은 호수를 형성하고 있다.

호수가에는 푸른 송림이 행렬을 이루고 흰 모래빛이 펼쳐져 있다. 호수면은 거울같이 맑고 잔잔하며 호수 위를 수많은 새떼가 줄을 지어 날고 있다. 주변의 모래부리에 해당화가 필 때나 이곳 특산물인 감이 무르익는 가을에는 시중호의 풍경이 아름다움의 극치를 이룬다. 그래서 "연대봉 불로초는 못 보면 한이 되고 시중호

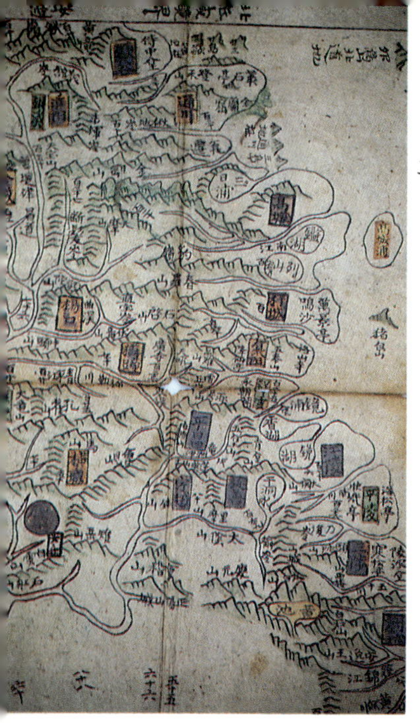

고지도에 나타난 여러 석호들의 지명 고지도의 맨 윗부분에 있는 시중대(侍中臺)를 시발로 삼일포(三日浦), 감호(鑑湖), 열산호(列山湖), 향호(香湖), 경호(鏡湖) 등 석호들의 지명이 보이고 있다. 연대 미상. 이양재 소장.

저녁달은 볼수록 유정하다”는 민요가 전해지기도 한다. 시중호는 바다 쪽으로 불거져 나와 있어 「동국여지승람」에 보면 “긴 멧부리가 뻗어나가다가 동쪽으로 서렸는데 삼면이 모두 큰 호수이다. 호수 물이 넘치고 물가가 돌고 굽으며 밖으로 큰 바다가 둘렸다”라고 적고 있다.

이중환이 쓴 「택리지」에도 “시중호에는 정자집은 없으나 모래 언덕이 겹겹으로 쌓여 있고 호수물이 이리저리 굽이쳐 휘돌아 괴어서 맑고 깨끗한 경치가 뛰어나게 훌륭하다”라고 기록하고 있다.

시중호에는 백년어, 가물치, 잉어, 붕어 등 민물 고기가 많아 낚시터로도 유명하다. 특히 수중 식물 가운데 희귀 식물인 ‘줄풀’이 있어 학술적 가치가 큰 곳이다. 호수 주변 동해안에는 송도, 죽도, 사도, 석도, 백도 등 작은 섬이 여럿 있어 경치가 좋다.

현재 북한은 이곳에 56만 제곱미터의 휴양지를 조성하여 물리 치료실, 온천, 숙박 시설 등의 제반 시설은 물론 외국인을 위한 진료소와 해수욕장, 일광욕장, 요양소, 보트장, 낚시터 등이 갖추어져 있다. 또한 ‘제2의 송도 유원지’로 개발하기 위한 사업이 한창이다.

북한 당국과 재미 교포들이 합영 호텔 건설지로 선정할 정도로 풍광이 뛰어난 시중호는 북한 지정 명승지 천연기념물(지리 부문) 제212호 및 자연 경승지 제14호로 지정되어 있다.

삼지연(三池淵)

　삼지연은 북한의 양강도 삼지연군 삼지연읍에서 북쪽 5킬로미터 지점에 있는 자연 호수로 멀리 서북쪽으로 백두산 연봉, 연지봉, 무두봉, 간백산이 보이고 남쪽으로는 북포태산의 고봉이 보인다.

　제3기 말에서 제4기 초 백두산 화산이 폭발할 때 흘러나온 용암과 화산 쇄설물이 산중을 흐르던 하천을 막아서 생긴 언지호로 일명 삼지(三池)라고도 부른다.

　함경북도 무산군 삼장면 농사동에서 서남쪽으로 함경남도 도계를 넘는 곳에 해발 1,401미터의 허항령(虛項嶺)이 있다. 백두산 아래 신무성(神武城)으로부터 삼지연으로 내려오는 길을 따라오다 이 허항령 2킬로미터 정도 채 못가서 평탄한 고원 지대가 전개된다. 이 고원 지대를 천평(天坪), 삼지평(三池坪)이라 하며 부근에 삼지연 호수가 있고, 그 동쪽의 광활한 고원 지대를 천리천평, 무인경(無人境)이라 부른다. 이 천평에서 발원하는 물이 동북쪽 산간 계곡을 따라 강두수(江頭水)가 되고 주위 계곡수와 합류하여 두만강에 유입된다.

　옛날 이 천평을 흐르던 하천이 화산 폭발 때 흘러나온 용암과 경석(輕石)에 의해서 하상이 메워지기도 하고 또는 하천 유로가 여러 개로 절단되어 대부분 메말라 버리고 그 가운데 주변에 독립된 수원 함양지를 가진 수심이 좀 깊은 것만 남았는데 그것이 삼지연이다. 옛날에는 일곱 개의 성스런 호수가 가지런히 있다 하여 칠성지(七聖池)라고 하였는데 현재는 토사가 퇴적하여 가운데 셋만 뚜렷하게 형태를 유지하고 물이 있어 삼지연이라 한다. 그 가운데에서 남쪽에서 두번째 것이 제일 큰 호수로 둘레가 2.54킬로미터이고 가운데에 푸른 숲이 우거지고 둥글면서 우뚝한 100미터 정도의 작은 섬이 있다.

호면은 세립의 부석으로 깔려 있고 호안에는 현무암이 노출된 곳이 2, 3개소 있다. 삼지연의 넓이는 0.46제곱킬로미터이고 둘레는 4.5킬로미터, 수심은 약 3미터이다.

삼지연의 물은 보기보다 수온이 높아 평균 섭씨 21도이고 깊은 곳일수록 수온이 높아 온천수에 가깝다. 따라서 삼지연에는 온수와 냉수가 동시에 지하에서 유입되는 것으로 나타났으며 삼지연에는 흘러들고 나가는 하천이 하나도 없다.

백두산 기슭 해발 1,395미터에 있는 삼지연은 거울같이 매끈한 수면에 백두산 영봉이 비치고 주위의 울창한 삼림이 한데 어울려 한 폭의 그림같이 아름답다.

삼지연 주변은 자작나무, 이깔나무, 가문비나무, 사스레나무, 분비나무 등이 수해를 이루어 그야말로 장관을 이루며, 숲속에는 산닭(메닭), 사슴, 곰, 흑담비, 사향노루, 우는산토끼(鳴兎)가 살고 있다. 이 가운데 산닭과 사슴(梅花鹿)은 천연기념물로 지정되어 있다. 특히 호변에는 이깔나무, 붓나무가 병풍처럼 둘러싸고 있어 가을 단풍철에는 호수의 담청색 물빛과 주변의 홍적색 단풍이 한데 어울려 별경을 만들어 보는 이로 하여금 감탄을 자아내게 한다.

오늘날 북한에서는 삼지연을 휴양지, 야영지, 체육 공간으로 조성해 놓고 있다. 특히 1981년에는 길이 300미터, 폭 110미터 크기의 삼지연 빙상장과 50동의 선수촌이 완공되어 겨울철 스케이트장으로 이용되어 체육인들과 청소년, 학생들의 체력 단련장으로 애용되고 있다. 최근에는 스키장 등 각종 스포츠 단지를 조성하여 1993년 아시아 동계 대회에 대비하고 있다. 삼지연은 현재 북한 최대의 김일성 혁명 전적지로 조성되어 삼지연 혁명 사적관, 노동자각, 소년단각, 대학생각이 설치되어 사상 교육 장소 및 관광지로 이용하고 있다. 자연명승지 제347호인 삼지연은 허항령, 강두수, 신무성을 거쳐 백두산을 답사하는 주요 코스이다.

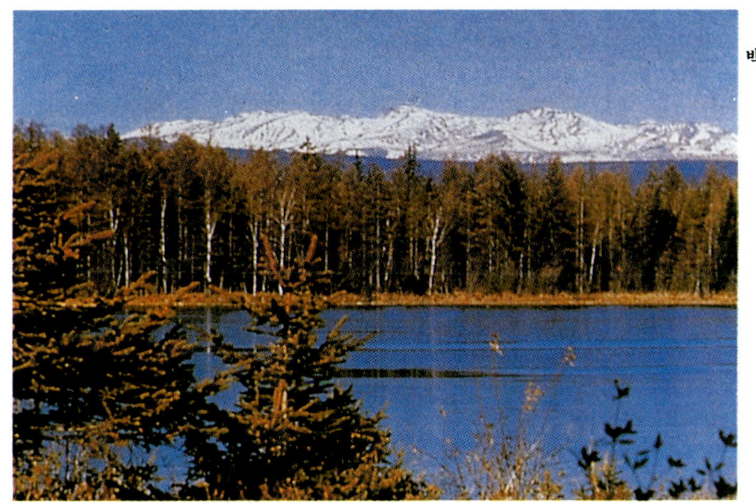

백두산록 천리천평에 있는 삼지연 호수 북한의 자연 명승지 제347호로 북한 최대 김일성 혁명 전적지로 개발되어 있다.

최남선(崔南善)은 「백두산근참기(白頭山觀叅記)─백두산 삼지(白頭山 三池), 천리천평(千里天坪)」에서 삼지연을 세계적 절경이라고 극찬했다.

"삼지의 미는 삼지만의 홑겹미가 아니라 일면으로는 백두산 이하 간백(間白), 소백(小白), 포태(胞胎), 장군(將軍) 등 7천, 8천 척의 준극한 산악들이 멀리서 둘러싸고 일면에는 천리천평이라고 하는 대야심림(大野深林)이 끝없이 펼쳐져 웅박(雄博)하고 호장(豪壯)한 기운을 발산한다. 이러한 외곽을 얻어 삼지(三池)의 미는 다시 기천백의 가치를 더하여, 문무겸전(文武兼全), 강유쌍제(剛柔雙濟)의 일대 승경은 다른 아무 데서도 볼 수 없는 천하 독특의 시위를 얻었나. 이와 같이 내산과 고원과 장곡과 심협에 아름다운 요소가 더하여 경승지를 만들었으니 어쩌다가 한 군데 생긴 것인 만큼 그 신기하고 소중함이 여간일 수 없다. 나는 단언하기를 삼지는 세계적 절경이요, 가장 특색 있는 정경을 가진 곳이라 한다."

장연호(長淵湖)

함북 경성군 어랑면 장연동에 있는 언지호로 한국 굴지의 대택(大澤)이다.

어대진(漁大津) 북서해안 가까이에 있는 장연호는 원래 장자택(長者澤)이라고 불렸으며 일명 비홍호(飛鴻湖)라고도 부른다.

「동국여지승람」 '경성도호부(鏡城都護府) 산천조'에 "장자택은 부의 남쪽 90리에 있다. 한 골짜기 가득한데 길이가 15리요, 너비가 3리요, 깊이가 6백여 척이다. 동쪽으로 흘러 바다로 들어간다. 가물 때에 이 못에 비가 오기를 기도하면 효과가 있다(長者澤在府南九十里瀦滿一洞長十五里廣三里深六百餘尺東流入海天旱祈雨有應)"라고 기록하고 있다.

장연호는 제3기 말에서 제4기 초에 현무암 용암이 솟아올라 생긴 턱을 흐르던 과거 어랑천(漁郎川)과 그 지류인 장연천(長淵川)의 어귀 일대가 해수면 상승으로 깊이 만입한 저곡을 형성한 뒤 하천과 바다의 퇴적 작용으로 운반된 토사에 의해서 만 어귀가 막혀서 형성된 자연호이다.

넓이는 7.73제곱킬로미터, 둘레는 27.8킬로미터, 길이는 9.7킬로미터, 너비는 0.8킬로미터이며 호수 주위는 몹시 구불구불하여 아흔아홉 굽이가 된다고 하며 곡류 하천 모양을 이룬다.

호수 주위는 모두 현무암으로 덮여 있는데 호수가는 4 내지 8미터나 되는 현무암의 단애가 병풍처럼 둘러싸고 있고 다만 남동쪽 용평리(龍坪里) 쪽에만 저평한 논밭이 전개된다.

장연호의 북동부에서 좁은 목(項)을 통해서 약 4킬로미터의 바다와 연결되는 물길이 있다. 홍수 때에는 이 물길을 통하여 어랑천의 물이 흘러들며 호수의 물은 바다로 흘러나가기도 한다. 호의 수심은 39미터 정도이며 호안에서부터 급격히 깊어진다. 장연호는 12월 중순경에 결빙하며 다음해 3월 말에서 4월 초순에 녹는다.

호수의 동부 남쪽 수중에 둘레 100미터 정도 되는 간양도(看羊島)가 있다. 이 섬에는 조그만 암굴이 있으며 지금부터 1천여 년 전 한나라 중랑장(中郞將) 소무(蘇武)가 북쪽 흉노에게 사신으로 갔다가 사로잡혀 항복하지 않았으므로 이 섬에 유배를 당해 양(羊)을 벗삼아 19년 동안 지냈다 하여 간양도라고 한다. 뒷날 사람들이 절사(節士) 소무의 충절을 기리기 위해서 소무전절비(蘇武全節碑)를 세웠는데 현재도 남아 있다. 현무암의 구릉에 둘러싸여 있는 이 작은 섬은 완전히 속세로부터 유리되어 있는 것만 같다.

호수 주위에 삼림이 우거지고 단애를 이루어 경관이 아름다운데 특히 진달래꽃이 만개할 때는 절경을 이룬다. 자연호에는 붕어, 잉어, 뱅어 등 물고기와 늪조개, 새우 등 조개류와 갑각류가 있으며 여러 종류의 수생 식물이 자란다.

현재 북한에서는 장연호를 천연기념물 지리 부문 제328호로 지정하여 보호하고 있다. 장연호에는 다음과 같은 전설이 있다.

옛날 이곳에 장지압이란 큰 부자가 있었는데 장연호는 그의 텃밭이요, 무계호는 팥밭낟가리, 서연호는 염지밭이며 동연호는 찰피밭 그리고 북명호는 기장밭이었다.

장지압은 곡식과 돈을 산더미처럼 쌓아 놓고도 어떻게나 인색한지 문전에 구걸오는 사람이 있으면 쌀 한 알이나 돈 한 푼도 안 주고 심지어는 쇠똥가래로 걸인을 쫓아버리기까지 하였다.

하루는 노승 한 사람이 나타나 동냥을 청할 때 장지압은 여전히 노승을 냉대했다. 이 모습을 본 자부가 하도 딱하여 시아버지의 눈을 속여 약간의 돈과 곡식을 시주하였더니 그 노승이 은밀히 말하기를 "이제부터 몇 시간 뒤면 장씨 집터가 큰 못으로 변하고 전 가족이 몰살하게 될 터이니 부인이 만약 살아날 생각이 있으면

나의 죽장 끝 자국을 따라오며 도중에서 만약 어떠한 뇌성 벽력이 있을지라도 집을 뒤돌아보지 말라. 만약에 뒤돌아보면 화를 면치 못할 것이라"고 신신 당부하였다.

장씨 자부는 노승의 말을 듣고 즉시 약간의 보화(寶貨)를 광주리에 담아 이고 노승이 남긴 죽장 자취를 따라 집을 떠났다. 그러자 얼마를 가는 도중에 별안간 뇌성 벽력이 일어났다. 이에 자부는 자기 집 근방이 멸실당할 것만 같아 노승의 당부에도 불구하고 참지 못하고 뒤를 돌아보았다. 이때 장씨 집터는 장연호가 되고 그 자부는 그 자리에서 그만 바위로 변했다.

현재 그 바위는 장연호 남쪽 20리 떨어진 곳에 있는데 마치 광주리를 머리 위에 이고 있는 형상을 했으므로 광주암(廣周岩)이라 부른다.

서번포(西藩浦)

함북 경흥군 노서면에 있는 자연 석호로 동번포(東藩浦)와 좁은 목(項)으로 연결된 하나의 호수이지만 위치상 서쪽에 있다 하여 따로 서번포라 부른다.

우리나라에서 제일 큰 자연 호수로 넓이는 16.12제곱킬로미터, 둘레는 41.2킬로미터, 길이는 11킬로미터, 너비는 1.7킬로미터, 평균 수심은 1.2미터이다.

서번포는 바다와도 서포항(西浦項)의 좁은 목을 중심으로 연결되어 있어 염수가 유입된다. 염수가 유입되는 입구 부근에는 염분이 20퍼센트, 그 밖의 수역에서는 10퍼센트 정도이다.

호수 중앙 바닥은 감탕이 깔려 있고 주변으로 갈수록 모래로 깔려

있다. 호수에는 수초가 많아 숭어, 붕어, 황어, 새우 등이 많다. 호수
의 북쪽 기슭에는 부포 오리 목장이 있다.
　서번포 북서쪽에는 자연 호수인 현담지(玄潭池)가, 서쪽에는 만포
(晩浦)가, 동쪽에는 동번포(東藩浦)가 있다. 남한에서는 주로 서반
포, 북한에서는 서번포라고 부르나 한자는 같게 쓴다.

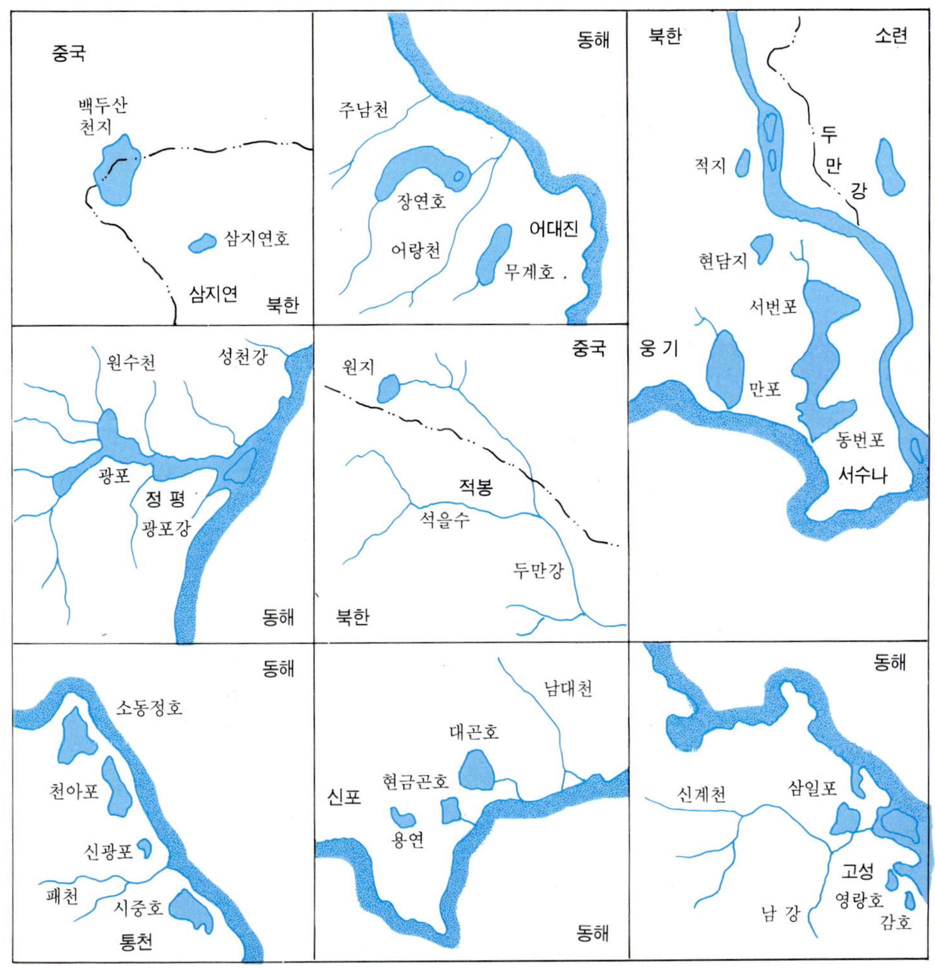

그림2. 북한의 주요 자연호

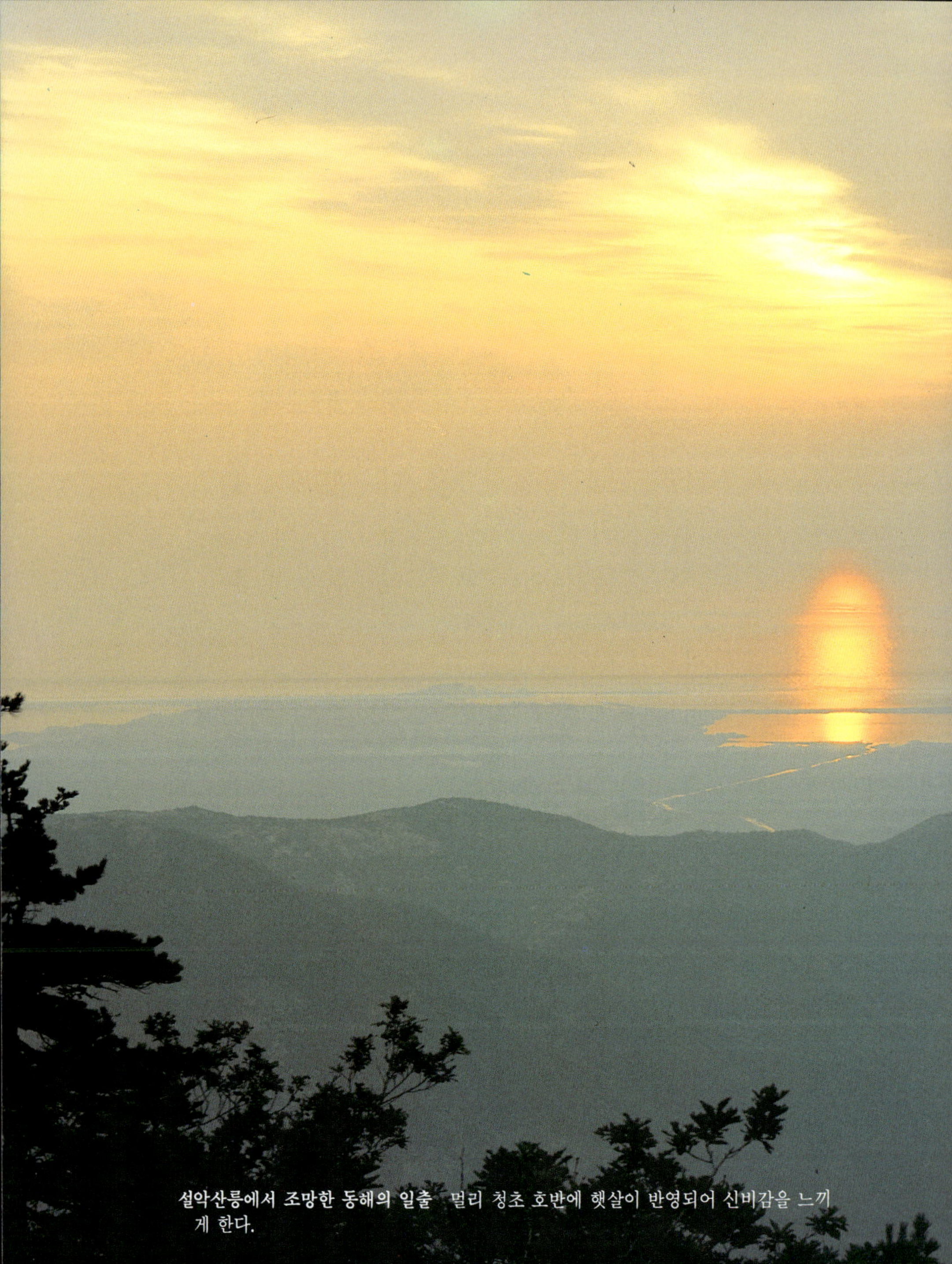

설악산릉에서 조망한 동해의 일출 멀리 청초 호반에 햇살이 반영되어 신비감을 느끼게 한다.

남한의 자연 호수

한라산 백록담(白鹿潭)

제주도는 목포에서 남쪽으로 96마일 해상에 있는 섬으로 옛날에는 탐라국(耽羅國)이라 불렀다. 제주도라고 부른 것은 고려 고종 때부터이며 동서 약 74킬로미터, 남북 약 40킬로미터의 타원형 화산섬으로 중앙에 남한 최고봉인 한라산(1,950미터)이 우뚝 솟아 있다.

노란 야생화가 만발한 백록담을 이고 있는 한라산록

제주도는 제3기 선신세 말에 현무암 용암이 분출한 이래 지금부터 1천 년 전까지 5기(期)에 걸쳐 큰 화산 분출이 있었다. 한라산은 현재 사화산이나 서기 63년 신라 탈해왕 때에 한 차례 화산이 폭발했다. 또 제주도에는 고려 목종(穆宗) 5년(1002) 비양도의 화산 폭발과 목종 10년(1007) 서산(현재 대정 동쪽의 軍山)의 화산 폭발에 관한 기록이 「동국여지승람」 제38권 '제주목 고적조'에 아래와 같이 보인다.

高麗穆宗五年六月, 有山湧海中, 山開四孔, 赤水湧出, 五日而止, 其水皆成瓦石, 十年瑞山湧出海中, 遺大學博士田拱之往觀之, 人言山之始出也, 雲霧晦冥, 地動如雷, 凡七晝夜開霽, 山高可百餘丈, 周圍可四十餘里, 無草木, 煙氣羃其上, 望之如石硫黃, 人恐懼不敢近, 拱之躬至山下, 圖至形其進今屬大靜縣

한라산은 제3기 선신세에 조면암이 해저에서 분출하여 종상 화산을 이루고 그 뒤 홍적세에 현무암의 분출로 말미암아 그 연변을 덮어 지금과 같은 순상 화산을 이루었다.

이 한라산 정상에는 마지막 화산 분출 뒤 화구(火口)에 물이 고여서 형성된 동서 너비 600미터, 남북 500미터, 둘레 약 1.72킬로미터, 최심 150미터, 담수 면적 10,000제곱미터, 총면적 0.33제곱킬로미터인 백록담이 있다.

태풍 등 비가 많이 올 때에는 백록담 분화구 33만 제곱미터에 물이 가득 차 장관을 이루나 현재는 주위 자연 경관이 크게 훼손되고 명물인 고사목과 희귀 식물이 마구 채취되어 백록담 일대에 자연 휴식년제가 실시되고 있다. 백록담 바닥에 토사가 2, 3미터나 쌓여 우기를 제외하고는 연중 대부분 바닥이 드러나고 누에 고치 모양으로 둥근 두 개의 천호(淺湖)가 좁은 물길에 의해서 연결되어 있다.

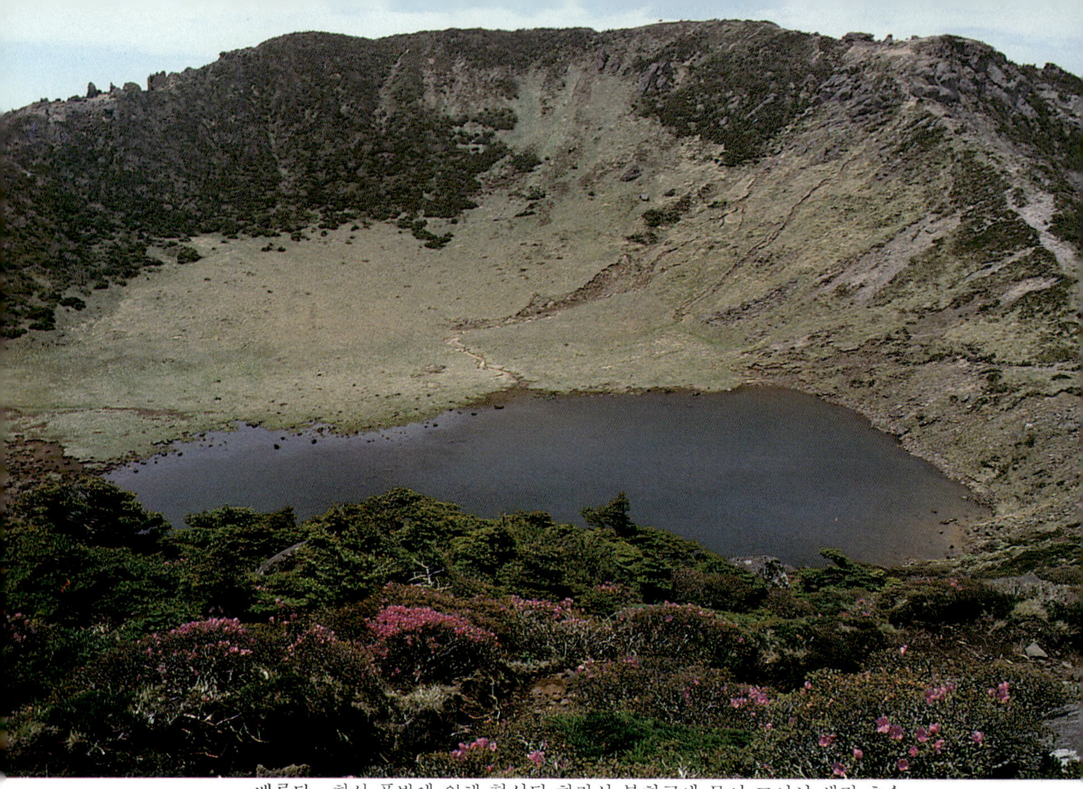

백록담   화산 폭발에 의해 형성된 한라산 분화구에 물이 고여서 생긴 호수

호수의 물은 유출되는 곳이 없어 자연수에 의해서 불어나고 증발에 의해서 줄어든다.

화구벽의 서반벽(西半壁)은 주봉으로서 초기에 분출한 백색 알칼리 조면암이 심한 풍화 작용을 받아 100미터 정도의 절벽이고, 동반벽(東半壁)은 후기 홍적세에 분출한 검은 현무암으로 동서간 상이한 지질 구조를 나타내는데 이런 경우는 지질학적으로 희귀하다. 산의 모양도 서쪽은 종 모양이고 동쪽은 둥글다.

제주도에는 백록담말고도 원당악(元堂岳), 입산(笠山), 수악(水岳) 등과 같이 기생 화산의 산정부 와지에 물이 고여 있는 작은 화산성 호수가 있다.

주민들은 옛날 백록담에서 산천제(山川祭)를 지냈다고 한다. 그러나 산정의 날씨 변화가 심하여 어려움이 많고 추위에 얼어 죽는 사람이 많게 되자 조선 성종 1년(1470) 목사 이약동(李約東)이 지금의 제1횡단도로 남쪽 6킬로미터에 위치한 산천단(山川壇)에 제단을 마련하였다. 지금은 산천제를 지내지 않는다고 한다.

백록담을 가슴에 품어 안은 한라산은 예부터 다양한 이름을 가지고 있다.

「동국여지승람」 '제주목 산천조'에 보면 "한라라고 한 것은 운한(은하)을 나인(끌어당김)할 수 있기 때문이다(雲漢可挐引也)"라고 설명하고, 한라산을 다른 이름으로 "봉우리마다 모두 평평하다(以峰峰皆平地也)" 하여 두무악(頭無岳)이라 하고 "반달 모양으로 둥글다(以穹窿而圓也)" 하여 원산(圓山)이라 하였다. 불교에서는 산의 위엄 속에 나한의 영감이 서려 있다 하여 나한산(羅漢山), 큰 산이라 하여 부악(釜岳)이라 하였다. 이 밖에도 단산(丹山), 진산(鎭山), 선산(仙山), 원교산(圓喬山), 부라산(浮羅山), 용망봉(冗望峰), 여장군(女將軍)이란 별명이 있다.

이은상 시인은 한라를 「하 눌」로, 백록을 「불 늪」으로 해석하여 하늘산, 광명지(光明池)로 해석하기도 했다.

백록담이 생긴 연유에는 많은 전설이 있다. 선인들이 이곳에서 백록(白鹿;흰 사슴)으로 담근 백록주를 마시면서 놀았기에 명명되었다고도 한다. 또한 어느날 사냥꾼이 사슴을 쏘았더니 그 화살이 빗나가 산신령의 엉덩이에 맞았다. 화가 난 산신령은 흙을 한줌 집어서 던졌는데 그 자국이 백록담이고 그 한줌 흙이 떨어져 쌓인 곳이 산방산이라 한다.

옛사람들이 사슴을 찬미하고 사랑한 것은 사슴이 동물 가운데에서 현자로서 가장 동양적인 풍모를 가지고 있고 그 정결한 성행과 아름다운 모양, 장생(長生)의 덕을 지녔기 때문이다.

실제로 조관빈(趙觀彬)의 「한라산기(漢拏山記)」에 보면 다음과 같은 기록이 있다.

한라산에 원래 사슴이 많았는데 매양 새벽과 저녁이면 사슴들이 백록담에 나와 물을 마신다.

어느날 한 엽사가 활을 들고 못가 바위 뒤에 숨어 앉아 기다리다가 문득 보매 사슴의 떼가 몰려오는데 백인지 천인지 헤아릴 수가 없었다. 그 가운데에서 가장 큰 사슴이 있어 몸빛은 희고 광채가 나는데 어떤 백발옹이 그 등 위에 올라탔다. 엽사는 활을 들어 쏘기는커녕 그만 놀라 어찌할 바를 몰랐다.

이윽고 맨 끝으로 따라가는 작은 사슴 하나를 쏘았는데 또 사슴을 타고 오는 신선이 있어 손가락으로 사슴을 점검하는 듯하므로 엽사는 가슴을 두근거리다 다시 문득 보니 그들은 모두 간 곳이 없어졌다.

이중환의 「택리지」에도 "제주도의 한라산은 곧 영주산(瀛州山)이라고도 한다. 산 위에 큰 호수가 있어 매양 사람 소리가 요란스러우면 곧 구름과 안개가 크게 낀다. 때때로 젓대와 피리 소리가 들리는데 어디로부터 들려오는지 알 수가 없다"라 하여 신선이 항상 노니는 곳으로 표현했다.

이 백록담 주변에는 고산 식물인 눈향나무, 구상나무, 철쭉 등이 자라고 있어 운치를 더해 주고 있다. 한겨울 동안 쌓인 눈은 이듬해 이른 여름철까지 남아 있어 등산객들에게 청량한 맛을 안겨 주는데 이것이 이른바 영주(瀛州) 12경의 하나인 '녹담만설(鹿潭晩雪)'이다. 실제로 「동국여지승람」'제주목'에도 "한라산 산꼭대기에 큰 못이 있는데 사람이 떠들면 구름과 안개가 일어나서 지척을 분간할 수 없다. 5월에도 눈이 있고 털옷을 입어야 한다"고 씌여 있다.

송지호(松池湖)

　강원도 고성군 죽왕면 오봉리 7번 국도변에 위치하고 있는 자연 석호이다.

　총면적 63.8정보, 사방 10리인 송지호는 호반 주위를 에워싸고 있는 약 4킬로미터의 울창한 송림과 청명한 물색이 어우러져 경치가 좋다. 주변에 송림이 울창한 호수라 하여 송지호(松池湖)라고 했다. 오봉산(五峰山, 높이 1,264미터) 줄기가 호수 안에 뻗어 있어 그 생긴 모양이 쌍안경 같다 하여 일명 쌍안경 호수라 부른다.

　이 호수는 약 120년 전에는 각처에서 도사들이 모여 수도처로 쓰던 곳이라 한다.

　송지호는 수심이 일정하며 파도가 높거나 해일, 장마 때에 송호교를 통해서 반함수어인 숭어, 황어, 살감생이 등 바닷고기가 떼지어 들어와 기존의 민물 고기인 잉어, 붕어 등과 어우러져 어족이 풍부하여 낚시터와 담수욕장으로 각광받고 있다.

　동계에는 겨울 철새인 고니가 호반에 날아들어 우아한 날개짓을 하여 주위의 울창한 송림과 영봉과 조화되어 가경을 이룬다. 천연기념물 201호인 고니는 매년 11월 날씨가 차가우면 인접한 화진포와 이곳 송지호에 날아온다. 국제적 보호 조류인 고니는 서식지인 시베리아 지방에서 남쪽으로 이동할 때 제일 먼저 영동 북부 지방에 있는 화진포와 송지호에 들렀다가 호면이 결빙하면 낙동강 하구로 옮겨 봄철이 되면 북상할 때 다시 이곳을 거쳐 북쪽으로 날아간다. 70년대 초에는 몇 마리씩 무리지어 날아왔는데 최근에는 매년 수가 증가하여 100여 마리가 되며 그 가운데에는 흑고니가 10여 마리 끼어 있어 더욱 학술적 가치가 있다.

　송지호는 1977년 10월 15일 국민 관광지로 지정된 뒤 각종 위락 시설물이 설치되어 있어 연중 관광객이 많이 찾아들고 있다. 이곳에는 지방 유지 235명이 성금을 내서 지은 송호정(松湖亭)이 있다.

인근 송지호 해수욕장은 백사장 길이 700미터, 폭 100미터, 면적 7천 제곱미터로 모래질이 좋고 북쪽으로 2킬로미터, 남쪽으로 2킬로미터 정도 백사장으로 연이어져 있어 여름 피서철이면 관광객이 많다. 또한 앞바다에 있는 죽도(竹島)는 푸른 대나무와 기암 반석으로 이루어진 섬으로 바다 낚시터로 유명하다.

> 봄이 오면 꼭 온다던
> 그 사람은 왜 안올까
> 동해바다 푸른 물결
> 그리운 내 님이여
> 송지호 찾아온 백조야
> 너도 떠나냐 이 마음 전해다오
> 사랑하고 있다고.

‘송지호 연가’에 나오는 가사이다. 이 송지호 연가에 나오는 남녀 간의 애틋한 사랑과는 달리 송지호 탄생에는 심술궂은 한 부자와 얽힌 전설 한 편이 예부터 내려오고 있다.

조선 초기 현 송지호가 비옥한 농경지였을 때 마을 한가운데에 정거재(鄭巨載)라는 부자가 살고 있었다. 이 정씨는 심술이 많고 포악하기로 이름난 부자로 큰 집을 짓고 많은 종들을 거느리면서 천세를 누려 왔다.

성격이 포악하고 인색한 정 부자는 일꾼들은 물론 마을 주민들에게까지 사소한 일에도 트집을 잡고 횡포를 부렸다. 어느날 장님 거지가 정 부자의 문을 두드려 동냥을 구하자 정 부자는 종들을 시켜 장님 거지를 모질게 매질하여 쫓아냈다. 이때 금강산의 유명

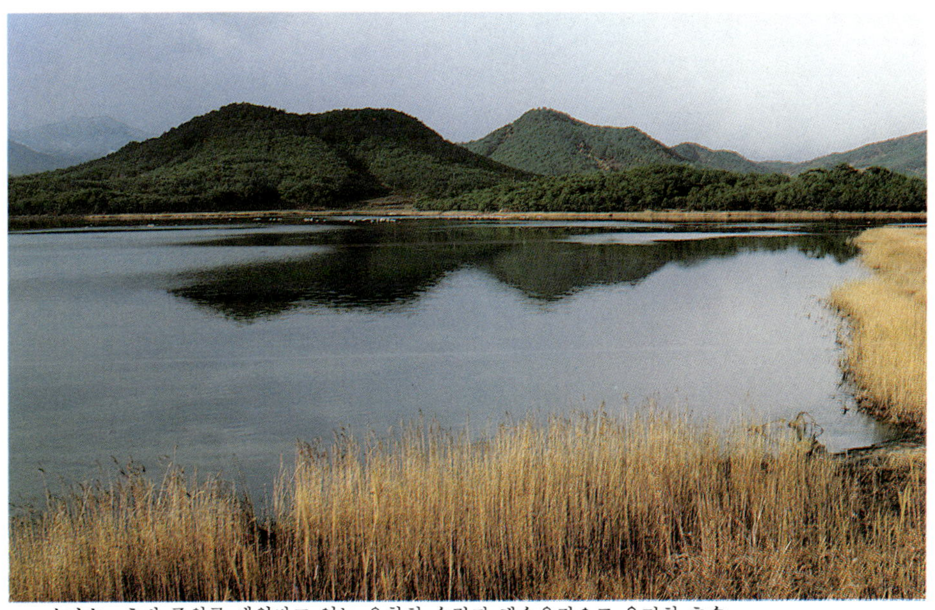

송지호   호반 주위를 에워싸고 있는 울창한 송림과 해수욕장으로 유명한 호수

한 고승이 지나가다가 장님 거지로부터 매를 맞은 사정을 듣고 고승은 정 부자의 집을 찾아가 목탁을 치고 염불을 외우며 시주를 요청하였다. 그러자 정 부자는 역시 종들을 시켜 고승의 시주 배낭에 쇠똥을 담아 내쫓았다. 고승은 문간으로 쫓겨나와 옆에 놓여 있던 쇠절구를 정 부자의 금방아가 있는 쪽으로 던졌다. 그러자 쇠절구가 떨어진 곳에서 물기둥이 치솟기 시작하였다. 고승은 왼쪽 두루마기이 고름을 뜯어 옆 소나무 가지에 길고 주문을 외며 사라졌다. 고승은 사라지고 물기둥은 일곱 줄로 늘어나 정 부자의 집과 금방앗간 그리고 논이 물 속에 잠겨 순식간에 호수가 되어 버렸다. 놀란 종들은 두루마기 고름을 잡고 물 속에서 나올 수 있었으나 정 부자는 죽고 말았다 한다.

경포(鏡浦)

경포호는 강원도 지방기념물 제2호로 강릉시 운정동, 저동, 초당동에 걸쳐 있는 자연 석호로 좁고 긴 사주(沙州)에 의해서 동해와 격리되며 유천(楡川) 등의 작은 하천들이 유입된다.

강릉 중심에서 북서쪽 6킬로미터쯤에 위치한 경포는 호수 쪽의 경호교와 해안 쪽의 강문교를 통해서 담수와 해수가 흘러내리고 밀려 들어오며 예부터 수면이 거울같이 맑아 경포(鏡浦) 호수라 했으며 사람에게 유익함을 준다 하여 군자호(君子湖)라고도 했다.

면적은 0.896제곱킬로미터, 최장경 2.5킬로미터, 최단경 0.8킬로미터, 주위 3.4킬로미터이다.

지금은 근처에서 유입된 토사로 호수가 매몰되어 주위가 10여 리 정도로 좁아졌으나 옛날에는 20리였다.

이중환은 「택리지」에서 고성의 삼일포(三日浦), 흡곡의 시중대(侍中臺), 통천의 총석정(叢石亭), 간성의 청간정(淸澗亭), 양양의 청초호(青草湖), 강릉의 경포대(鏡浦臺), 삼척의 죽서루(竹西樓), 울진의 망양정(望洋亭)을 관동 팔경이라 하면서 "경포대는 작은 산기슭 하나가 동쪽을 향해 우뚝한데 축대는 그 산 위에 있다. 앞에 있는 호수는 20리이며 물 깊이는 사람의 배꼽에 닿을 정도여서 작은 배는 다닐 수 있다. 동쪽에 강문교가 있고 다리 너머에는 흰 모래 둑이 겹겹으로 막혀 있다. 호수는 바다와 통했고 둑 너머에는 푸른 바다가 하늘에 연한 듯하다"라고 기술하고 있다.

송강 정철도 '관동별곡'에서 "경포(鏡浦)로 ᄂ내려가니 십리빙환(十里氷紈)을 다리고 고텨다려 장송(長松) 울흔 속에…"라고 경포호의 아름다움을 묘사하고 있다.

호수 주위는 2천여 그루의 해송이 4킬로미터 가량 병풍처럼 펼쳐져 있고 봄이면 해당화가 붉게 피어나 동해안 호수 가운데 최고의

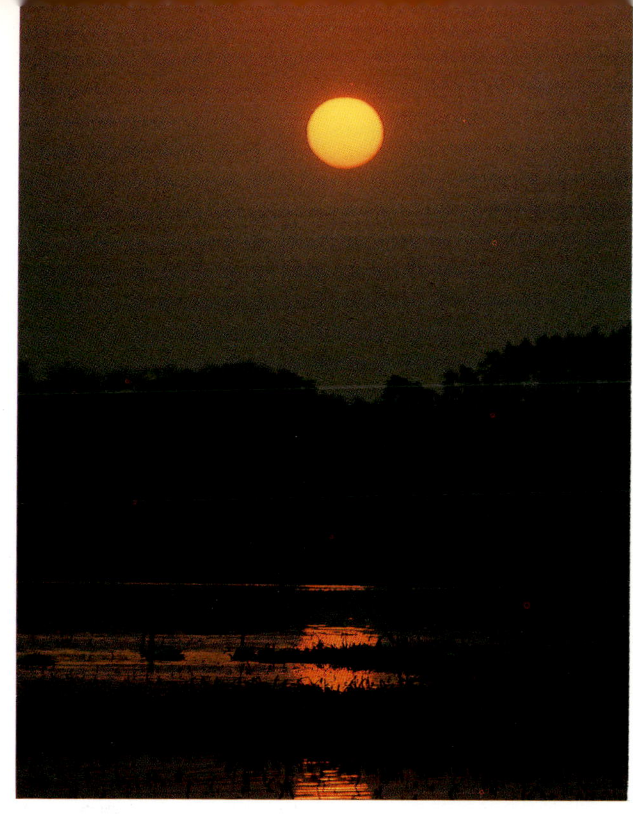

경포 호면에 비친 동해의
일출

절경으로 손꼽힌다. 또 경호 주변에는 경포대(鏡浦臺), 금란정(金蘭亭), 방해정(放海亭), 호해정(湖海亭), 석란정(石蘭亭), 해운정(海雲亭) 등이 즐비하여 예부터 문인들은 정자에 올라 호수를 바라보면서 "은빛 비단 위에 둥근 달이 수놓여 있는 듯하다"고 읊었다. 동쪽 기슭에 서 있는 노송들 사이에 아련히 숨겨진 집들이 길게 호면에 비치고 백조가 떠 놀고 있는 광경이 보는 사람으로 하여금 무아의 경지에 잠기게 한다. 특히 경포내에서 맞이하는 월출(月出)과 일출(日出)은 장엄함과 신비함을 함께 하고 있어 천하 제일이다.

예부터 경포대에 오르면 다섯 개의 달을 볼 수 있다. 하나는 밝은 달이 뜨면 출렁이는 파도를 타고 춤추는 달, 둘은 호수에 어른거리는 달, 셋은 하늘의 달, 넷은 정자에 앉아서 청유(淸遊)하는 풍류객

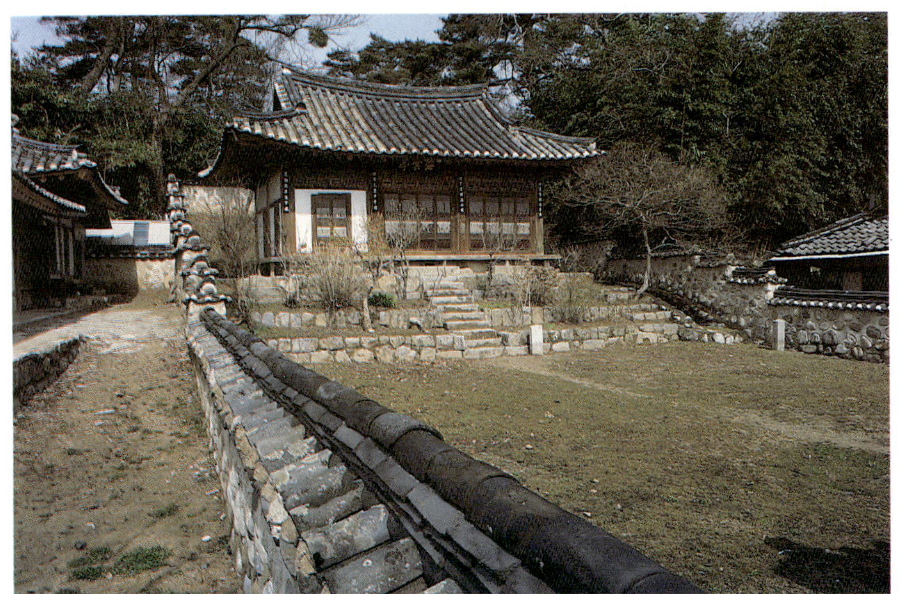

경포호 주변에 있는 해운정

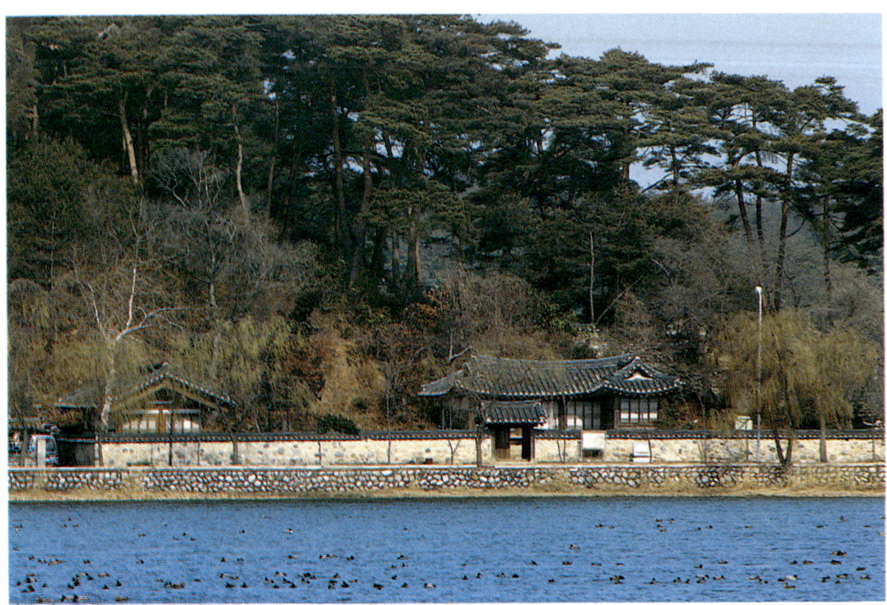

경포호 주변에 있는 방해정

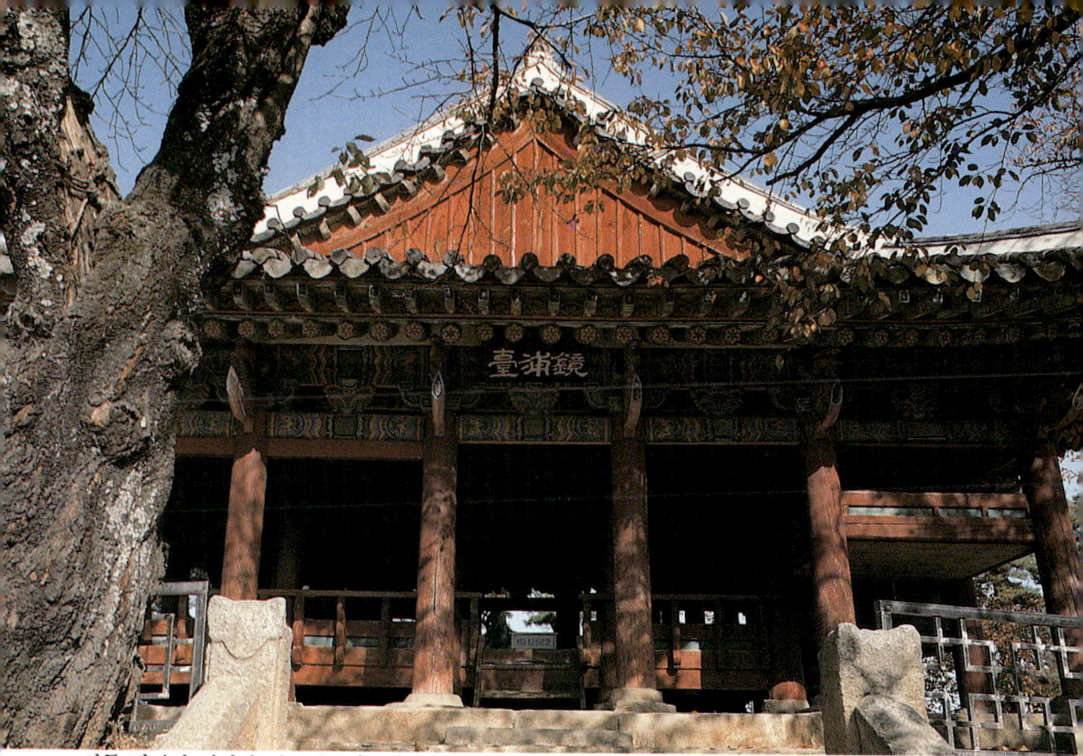

관동 팔경의 하나인 경포대 이곳에서 많은 문인들이 경포호를 바라보면서 시문을 남겼다.

술잔 속의 달, 다섯은 임의 눈동자에 깃든 달이라고 한다. 이 밖에 경포대는 달기둥(月柱), 달의 그림자가 탑같이 보이는 것(月塔), 달의 물결(月波)이 생기는 곳으로도 유명하다.

1628년 당시 강릉 부사였던 이명준(李命俊)이 남긴 문헌에는 세조가 달 밝은 가을밤에 경포대에서 호수를 굽어보며 경치를 극찬한 구절이 나온다.

속세는 간데없이 온통 선경이라. 나오느니 서경시요, 들리느니 노래라. 바다에는 갈매기와 호수에는 철새들이 쌍쌍이 날고 천병만마(千兵萬馬)처럼 늘어선 송림 사이로 거니는 선남선녀들의 모습이 그림같구나.

경호 한가운데에는 많은 날짐승이 날아와 놀았다는, 숙종 때 송시열(宋時烈)이 "조암(鳥岩)"이라 쓴 새바위가 지금도 있다.

경호는 현재 인근 상가에서 나오는 폐수 및 토사의 퇴적, 수초와 갈대의 왕성한 번식 등으로 오염되어 80년대 중반부터 낚시꾼들의 발길이 끊겼다. 전에는 연어, 송어 등 17종의 물고기가 살았으나 현재는 대부분 멸종되고 잉어, 가물치 등 4종류만 남아 있다.

지난 89년 4월 원주 환경 지청의 경호 조사 결과에 의하면 BOD(생물화학적 산소 요구량)가 16.1피피엠, COD(화학적 산소 요구량)가 19.5피피엠으로 기준치보다 4, 5배 높게 나타났다. 경호의 오염은 70년대 초 강릉시가 토사가 유입된다며 서쪽에서 경호로 유입되는 경포천(鏡浦川)과 동쪽 안현천(雁峴川)의 물줄기를 바다로 돌려 호수물이 전혀 교류되지 못하도록 한 데도 큰 원인이 있다.

경호는 1982년 경포 도립공원으로 지정되어 있으며 호변의 경포대 해수욕장은 6킬로미터의 백사장과 병풍처럼 감싸는 해송림이 4킬로미터에 달하고 있다. 해송이 우거진 은빛의 모래 언덕과 해당화 그리고 동해의 맑은 물이 한데 어울려 국내 최대의 해수욕장을 이루고 있다. 특히 산 잉어를 초장에 찍어 먹는 경포 잉어회와 바닷물을 간수로 쓴 초당 순두부는 강릉 지방의 별미이다. 따라서 강릉 사람들은 "경포대 놀러 와서 경포 잉어회와 초당 두부를 못 먹어 보고 돌아가는 사람은 '멋'은 알지 몰라도 '맛'은 모르는 사람이다"라고 한다. 또한 경포호에는 예부터 찌개거리로 애용되는 백 원짜리 동전만한 적곡 조개 일명 '때복이'라는 민물 조개가 유명하다.

이중환이 쓴 「택리지」에는 적곡 조개와 관계된 전설이 한 편 있는데 다음과 같다.

세상에 전해오는 말에는 이곳 호수는 옛날에 부유한 백성이 살던 곳이었다. 하루는 중이 쌀을 구걸하였는데 그 백성이 똥을

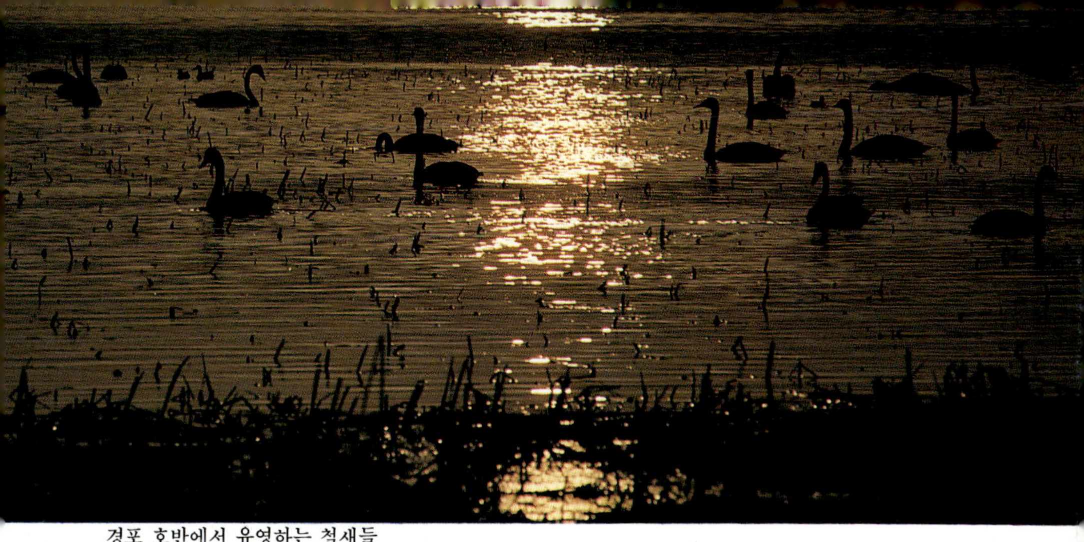

경포 호반에서 유영하는 철새들

퍼 주었더니 살던 곳이 갑자기 빠져 내려서 호수로 되고 쌓여
있던 곡식은 모두 자잘한 조개로 화하였다. 매양 흉년이 들면
조개가 많이 나고 풍년이 들면 적게 나는데 맛이 달고 향긋하여
요기할 만하여 지방 사람들은 적곡(積穀) 조개라 한다. 봄, 여름이
면 사방에서 남녀가 모여들어 주운 조개를 이고 지고 하여 길에
잇달았다. 호수 밑바닥에는 아직도 기와 부스러기와 기명(器皿)
붙이가 있어 자맥질하는 자가 가끔 줍는다.

현재는 조개 대신 강릉 사람들이 부새우라고 부르는 담가 먹는
곤쟁이인 작은 새우가 많이 잡힌다.

화진포(花津浦)

강원도 고성군 현내면 초도리, 죽정리와 거진읍 하포리에 걸쳐 있는 거대한 자연 석호이다. 호수 주위는 약 3킬로미터 남쪽으로 뻗은 사취에 의해서 외해(外海)와 결절되고 북쪽에 있는 폭 20미터의 토수구(吐水口)에 의해서 동해와 연결된다.

총면적 7.674제곱킬로미터 가운데 2.365제곱킬로미터가 자연호인 화진포는 수심 15미터 안팎, 둘레 16킬로미터로 물이 수정같이 맑고 주변 30헥타르에는 1백 년 이상 된 울창한 송림이 병풍처럼 둘러쳐져 있는 명승지이다.

고려 때는 열산현(烈山縣) 지역이라 원래 열산호(烈山湖)라고 불렀다. 실제 「동국여지승람」 '간성군조'에 보면 "열산호가 열산현 동쪽 2리에 있는데 큰 호수로 둘레가 수십 리인데 언덕과 골짜기를 감싸고 걸쳐 있으니 여러 호수에 비하여 제일 크다(烈山湖在烈山縣東二里有大湖周數十里包跨陵谷比諸湖最大)"라고 기록하고 있다.

그 뒤 해당화가 만발한 호수라 하여 화담(花潭)으로 불리다가 화진(花津)으로 바뀐 것 같다. 현재도 화진포 호수가에는 해당화 꽃이 많은데 현재 고성군의 군화(郡花)로 지정되어 있다.

이중환의 「택리지」에서도 "화담은 달이 맑은 샘에 빠진 것 같다. 고성의 삼일포, 강릉의 경포대, 흡곡의 시중대 세 호수의 경치가 강원도 영동 지방의 산수 경치의 제일이고 그 다음이 화담, 영랑호, 청초호다"라고 화진포를 화담(花潭)으로 기록하고 있다.

일제 말기에는 외국인 별장 지대였고 6.25동란 전에는 김일성이 즐겨 찾았다는 별장이 화진 호수 오른쪽에 있고, 자유당 시절 이승만 대통령이 휴양차 자주 왔던 흰 별장이 왼쪽에 현재도 남아 있다. 1933년 종전 원산의 명사십리에 있던 외국인들이 별장을 이축하여 해안 경승에 조화를 이루었으나 100여 동의 별장이 공산 치하

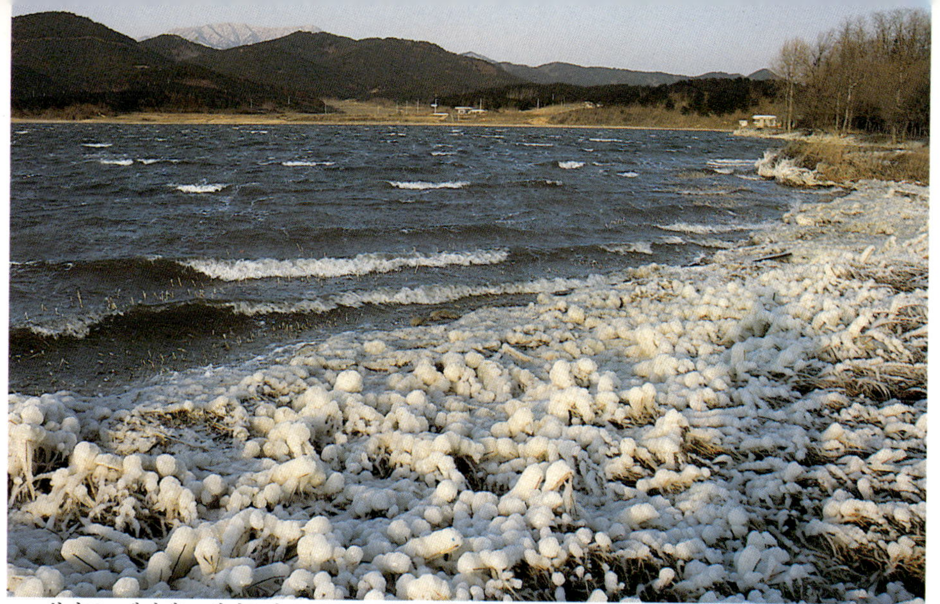

화진포　옛날에는 열산호라고 불리던 화진포에 출렁이는 호파가 일고 있다.

에서 특별휴양소로 되었다가 수복 뒤 군부대의 휴양지로 되었다.

화진포는 호수 가운데 중간쯤에 다리가 있으나 출입이 통제되고 있다. 또한 해수와 담수가 만나기 때문에 플랑크톤이 많아 감성돔, 황어, 숭어, 도미, 전어 등이 풍부하며 피서철에는 낚시가 허용된다.

강원도 지방기념물 제10호(76년 12월 지정)인 화진포에는 70년대 초부터 매년 11월 들어 날씨가 추워지면 송지호와 더불어 천연기념물 201호인 고니를 비롯하여 흑고니, 두루미, 물오리 등 수백 마리의 철새가 찾아들어 철새 도래지로 지정, 보호되고 있다.

화진포에는 화진 팔경(花津八景)이라 하여 낙안(落雁;하늘 높이 떼지어 놀던 기러기가 호수에 내려앉는 모습) 등 8가지 뛰어닌 주위 풍광이 있는데, 이곳에도 전설이 한 편 내려오고 있다.

옛날 이화진이란 부자가 이곳에 살고 있었다. 하루는 스님이 찾아와서 시주를 청했더니 그는 곡식 대신 쇠똥을 던져 주었다.

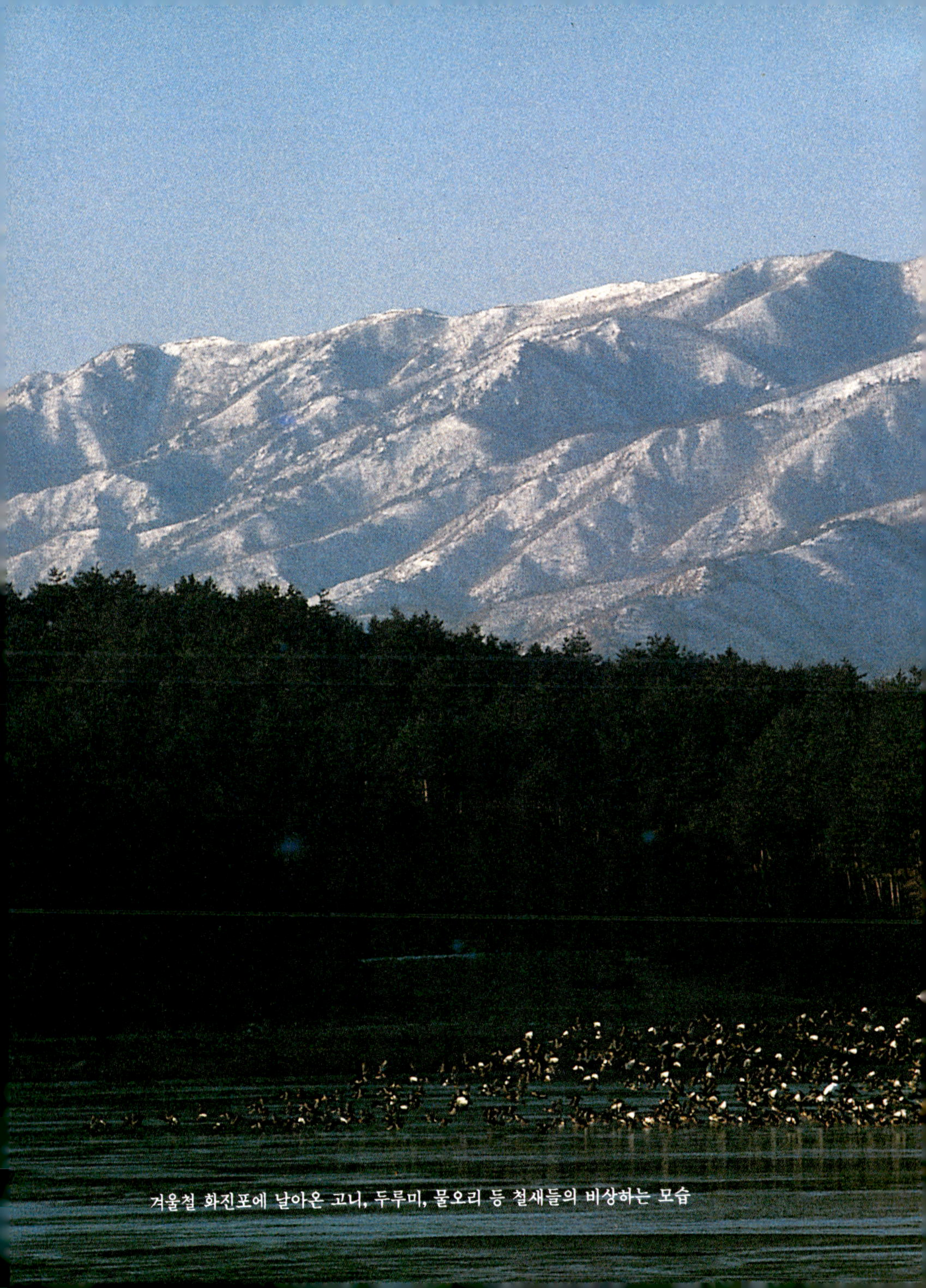

겨울철 화진포에 날아온 고니, 두루미, 물오리 등 철새들의 비상하는 모습

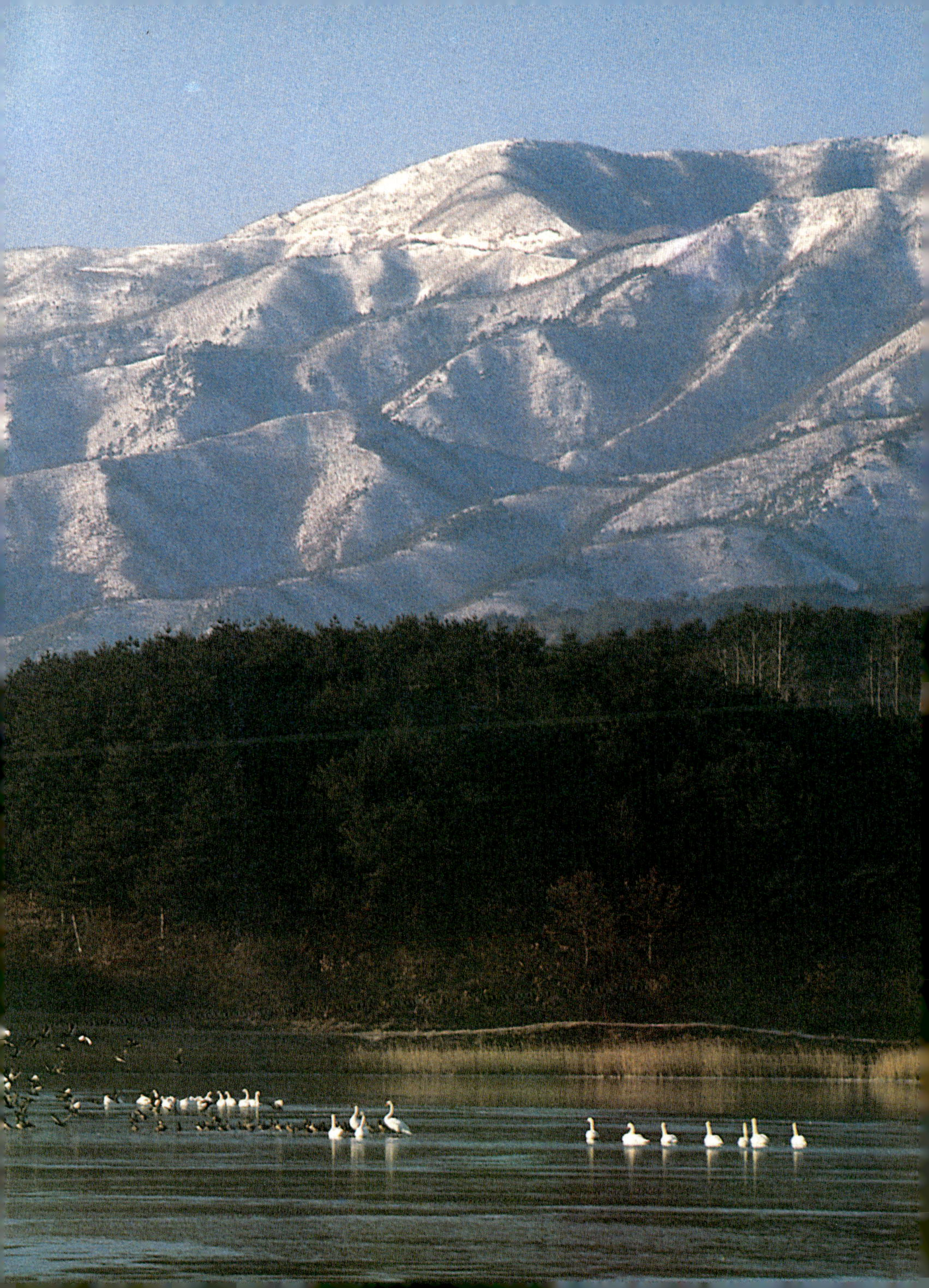

이것을 본 그의 며느리 고청이가 측은히 여겨 시아버지 몰래 쌀을 주었더니 스님은 그 며느리에게 "여기 있으면 화를 입을 것이니 자기를 따라오라"하여 스님을 따라가다가 송정리 고개까지 가서 뒤를 돌아보니 자기가 살던 집과 논밭이 물바다(호수)로 변해 있고 주위를 돌아보니 같이 오던 스님은 흔적도 없이 사라지자 며느리가 이곳에서 목매어 죽었다.

그 뒤 서낭신이 된 며느리의 넋을 위로하기 위해서 이 고개를 고청 고개라 하고 이 서낭을 고청 서낭이라 했다. 그 신이 하도 영험하여 동해의 어업을 좌우하므로 부락민들이 무당을 불러서 음력 3월 3일과 9월 9일 두 차례씩 당제를 지낸다 한다.

거진항에서 북으로 3킬로미터, 대진항에서 남으로 2킬로미터 지점에 초도리(草島里)가 있다. 여기서 남쪽 1킬로미터에 화진포가 있고 이 호수와 동해 사이에 1.2킬로미터의 주옥 같은 백사장이 있다. 수심이 얕고 경사도 완만해 초심자도 안심하고 해수욕을 즐길 수 있으며 기암 괴석과 붉게 물든 해당화, 울창한 송림이 어우러져 경승이 뛰어난 천혜의 해수욕장이다.

화진포 해변은 수천 년 동안 조개 껍질과 바위가 부서져 만들어진 모래가 유난히 하얗고 감촉이 좋으며 모래 입자에 모나즈(Monaz) 성분이 많아 개미 등 곤충류가 서식하지 않고 맑은 동해의 해수가 화진포 담수의 교차하여 국내 최고의 해수욕장으로 꼽힌다.

해수욕장 초도리 앞 500미터 해상에는 천여 평의 금구도(金龜島)가 있다. 거북처럼 생긴 이 섬은 신라시대 수군 기지로 사용되었으며 대나무숲과 흰 갈매기가 많아 절경이다. 또한 유람선이 오가며 인근에 삼불사, 건봉사, 통일전망대, 세계 잼버리장, 진부령 스키장 등이 많아 관광지로 각광을 받고 있다.

영랑호(永郎湖)

　영랑호는 속초시 영랑동 서북쪽 1킬로미터 지점에 동서로 길게 놓여 있는 석호로 넓이 36만 평, 둘레 7.8킬로미터, 수심 8.5미터 (만수 때 약 15미터)이다.

　속초시에는 두 개의 자연 호수가 있는데 북쪽에는 영랑호가, 남쪽에는 청초호가 있다.

　국사봉(國師峰, 83.5미터)을 중심으로 주위 야산들이 병풍처럼 둘러싸인 영랑호는 호수물이 상당히 맑고 좁은 영랑교 밑으로 배는 드나들 수 없지만 수로가 동해와 통해 있다. 평상시에는 해수가 드나들지 않지만 폭풍이 몰아쳐 해일이 일어나면 해수가 넘쳐들어 민물 고기뿐만 아니라 바닷고기도 많이 잡힌다.

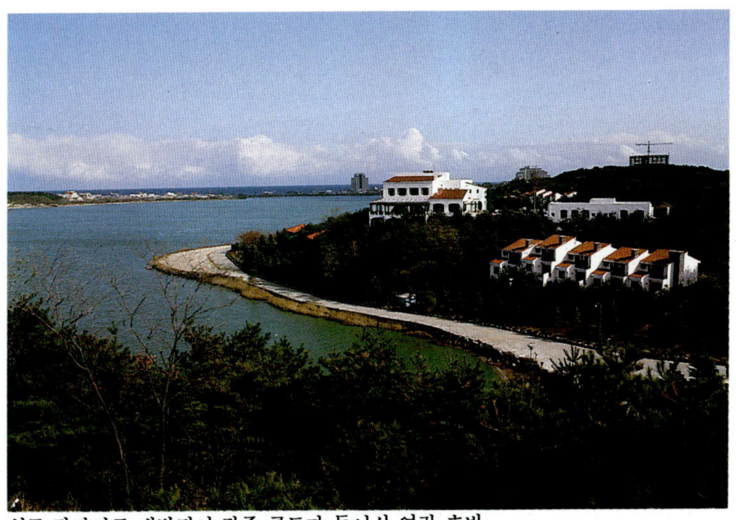

최근 관광지로 개발되어 각종 콘도가 들어선 영랑 호반

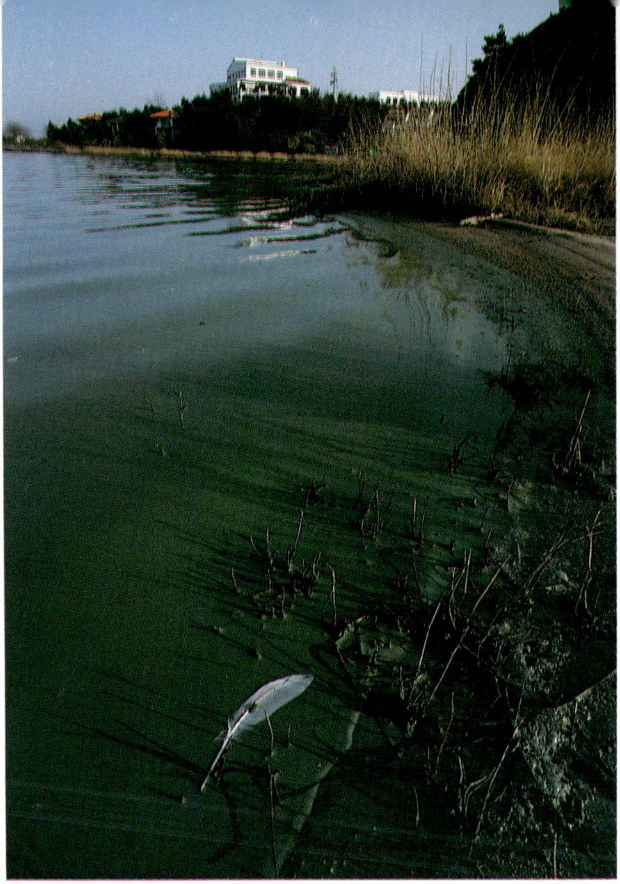

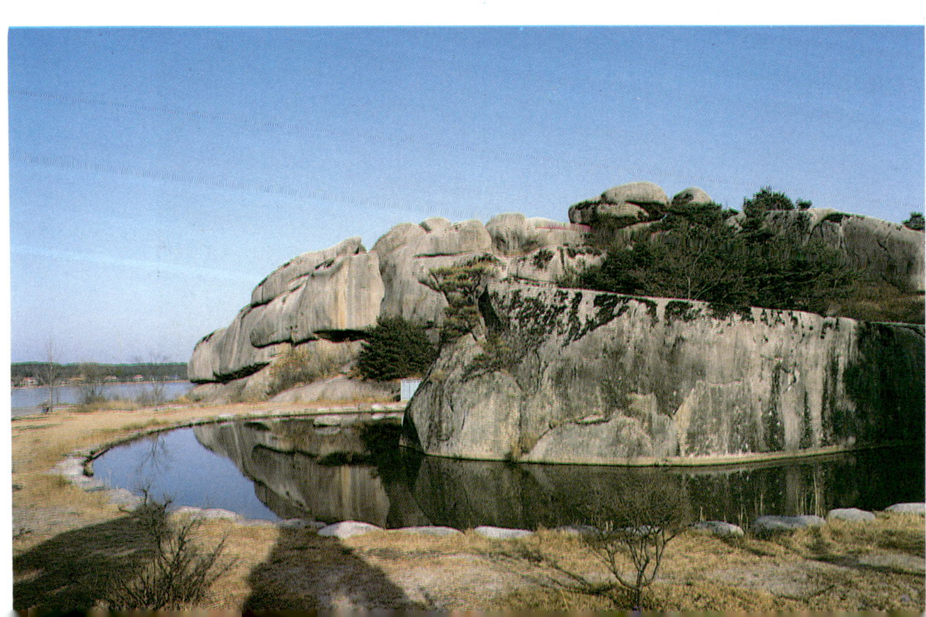

녹조를 띠고 있는 잔잔한
　영랑 호반 (오른쪽)
영랑 호반에 있는 표범이
　웅크리고 앉아 있는 모습
　의 범바위 (아래)

옛날 신라의 화랑인 영랑, 술랑, 안상, 남석 등 네 신선이 금강산에서 수련하고 무술 대회에 나가기 위해서 고성의 삼일포 호수에서 3일 동안 쉬다가 신라의 수도 금성(경주)으로 가는 길에 영랑호에 오게 되었다.

호수 주위에 송림이 우거지고 호반에서 백조들이 군무하고 있는 모습을 보고 떠날 시간이 되어 네 화랑이 모두 채비를 갖추고 있는데도 영랑만이 넋을 잃고 호반의 풍광에 도취되어 무술 대회에 나가는 일조차 잊어버리고 앉아 있었다. 그 이후부터 호수 이름을 영랑호라고 불렀다 한다.

향나무, 철쭉이 울창한 1킬로미터의 진입로를 들어서면 호반의 파란 물결이 시야에 들어와 저절로 탄성을 자아내게 된다.

약 8킬로미터의 호반 순환도로 연변에는 곳곳에 포효하는 표범이 웅크리고 앉은 모습 같은 범바위를 비롯하여 망건바위, 노적바위, 뱀바위, 큰바위, 관음암 등 기암 괴석이 많으며 금장대(金將臺), 보광사(普光寺), 충혼비 등이 있다.

「신증동국여지승람」 '간성군(杆城郡)조'에도 "영랑호는 군 남쪽 55리에 있다. 주위가 30여 리인데 물가가 굽이쳐 돌아오고 암석이 기괴하다. 호수 동쪽 작은 봉우리가 절반쯤 호수 가운데로 들어갔는데 옛 정자터가 있으니 영랑 신선 무리의 놀며 구경하던 곳이다(永郎湖在郡南五十五里周三十餘里汀回渚曲巖石奇怪湖東小峯半入湖心有古亭基是永郎仙從遊賞之地)"라고 기록하여 암석의 기묘함과 더불어 옛날에는 주위가 30리였음을 기술하고 있다.

이중환은 「택리지」 '산수조(山水條)'에서 "고성의 삼일포, 강릉의 경포대, 흡곡의 시중대가 호수로서는 첫째가는 경치이고, 간성의 화담(화진포)은 달이 맑은 샘에 빠진 것 같고 영랑호는 구슬을 큰 못에 갈무리한 것 같으며 양양의 청초호는 그림 경대를 열어 둔 것 같다. 이 세 호수의 기이하고 훌륭함은 위에 말한 세 호수의 다음이다"라고 기술하고 있다.

사실 영랑호는 설악산의 위용, 망망한 동해, 잔잔한 호반 전경 등이 한데 어우러져 한 폭의 그림을 연상시킨다.

안축(安軸)은 그 당시 옛 신선(화랑)들을 그리워하며 영랑호를 주제로 시를 썼다.

평평한 호수 거울인 양 맑은데, 푸른 물결 엉기어 흐르지 않네. 놀잇배를 가는 대로 놓아 두니, 둥실둥실 떠서 날으는 갈매기 따라가네. 호연(浩然)하게 맑은 흥 발동하니, 물결 거슬러 깊고 그윽한 데로 들어가네. 붉은 벼랑은 푸른 돌을 안았고, 옥동(玉洞)은 경주(瓊州)를 감추었네. 신을 따라 소나무 아래 배 대이니, 하늘은 푸르고 서운한 기운 이제 가을이네. 연잎은 맑아서 씻은 것 같고, 순채 실은 미끄럽고도 부드럽네. 저물녘에 배를 돌리려 하니, 풍연(風煙)이 천고의 수심일세. 옛 신선 다시 올 수 있다면 여기서 그를 따라 놀리라.

영랑호의 정취는 창해귀범(蒼海歸帆), 호면낙조(湖面落照), 보광모종(普光暮鍾) 들도 빼놓을 수 없지만 설악산의 울산바위에 올라 조감하는 멋은 최고이다. 설악 준봉들이 하늘에 솟구쳐 있고 앞에는 창파만리(滄波萬里)가 있으며 그 중간에 고요하게 발 밑에 펼쳐진 호수가 영랑호이다.

영랑호에서는 광어, 황어, 전어, 잉어, 자라 등을 낚시할 수 있으며 수상 스키, 보트, 윈드서핑 등 수변 관광을 즐길 수도 있다.

청초호(靑草湖)

　강원도 속초시 청호동(靑湖洞) 일대에 있는 자연 석호이다. 완전 폐쇄되지 않고 술단지처럼 생겼는데 자루의 주머니 모양을 한 어귀 쪽은 동해에 잇대어 있어서 조선 때 수군 만호영(水軍萬戶營)을 두고 병선을 정박시키기도 했다.

　현재도 동명동(東明洞) 해안 일대가 속초시의 외항 역할을 하는데 비해 청초호는 내항으로 500톤급의 선박들이 자유롭게 입출항할 수 있고 외해의 풍랑이 미치지 않아 풍랑이 올 때에 어선의 대피 정박지로 이용된다.

　청초호는 면적 1.8제곱킬로미터, 수심 3.1 내지 4.7미터로 속초시의 남쪽에 위치하고 있다.

　속초시 인근에는 설악 산록에서 발원하여 동해로 흘러드는 세 개의 하천이 있다. 용촌천(龍村川)은 고성군 토성면 용촌리 일대 곧 영랑호와 광포호 사이를 흘러서 동해로 유입된다. 설악동(옛이름;노루목(獐項)) 서북쪽 달마봉(達磨峰, 526.4미터)에서 발원한 소야천(所野川, 일명 淸草川)은 여러 골짜기 물을 합쳐서 척산리, 노리, 도리원리, 논산리를 거쳐서 청초호로 유입된다. 쌍천(雙川)은 속초시 남쪽 양양군과 경계를 이루면서 동해로 빠져나간다.

　옛날에는 청초호의 경치가 매우 아름다워서 이중환은 「택리지」에서 양양의 낙산사 대신 이곳을 관동 팔경의 하나로 꼽았고 사대부들이 유람선을 띄우고 놀기도 했다.

　일명 쌍성호(雙成湖), 진성호(震成湖)라고도 히는데 옛닐에는 육지 쪽으로 쑥 들어온 바다였는데 소야천이 오랜 세월 동안 상류에서 싣고 온 모래를 하구에 퇴적시켰다. 또 해저에 있던 모래가 해류에 밀려 와서 바다 가운데로 모래톱이 길게 생겨 대안의 육지와 붙을 만큼 그 폭이 좁아져서 그 안쪽이 호수가 되어 버렸다. 청초호

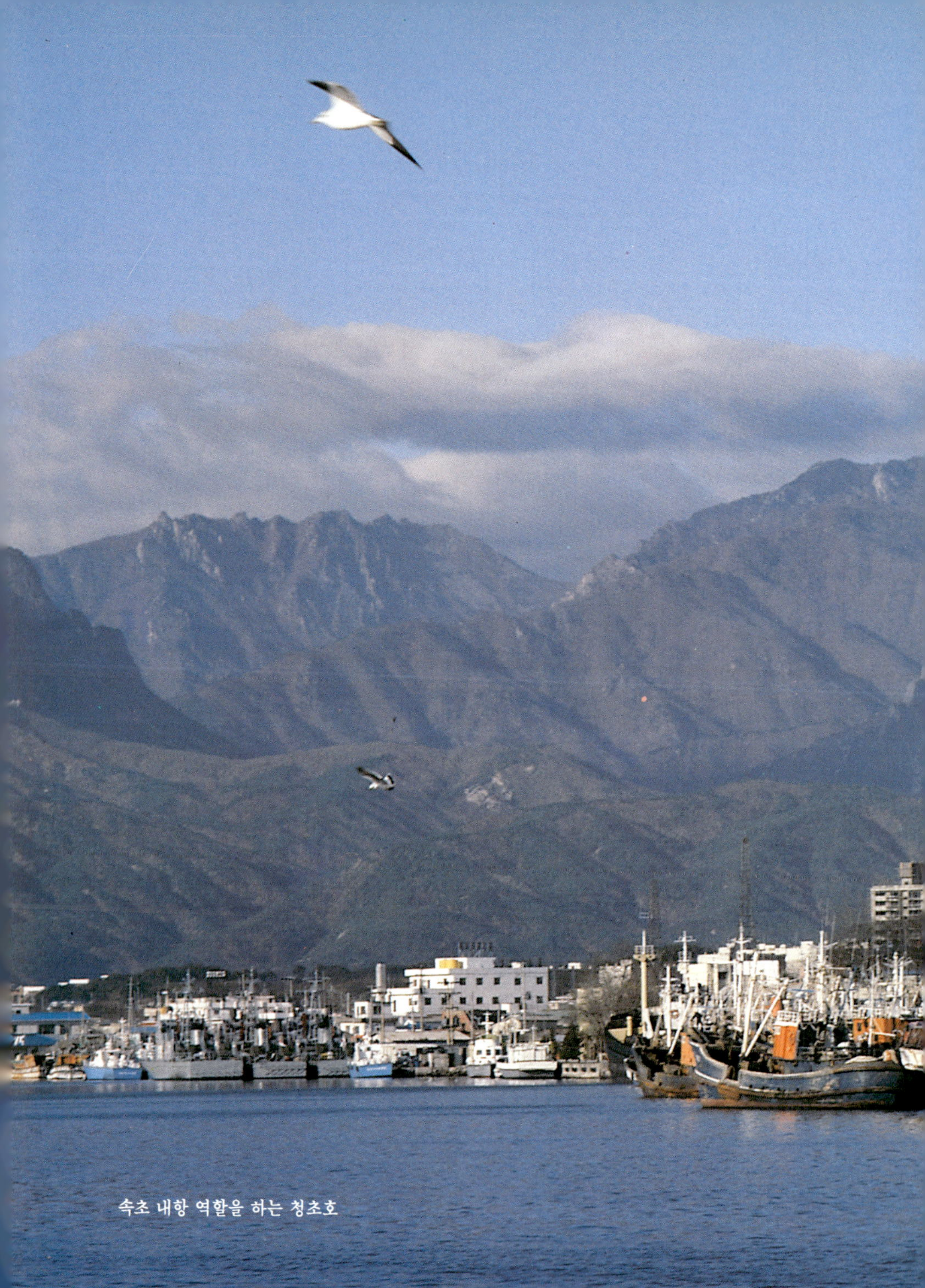

속초 내항 역할을 하는 청초호

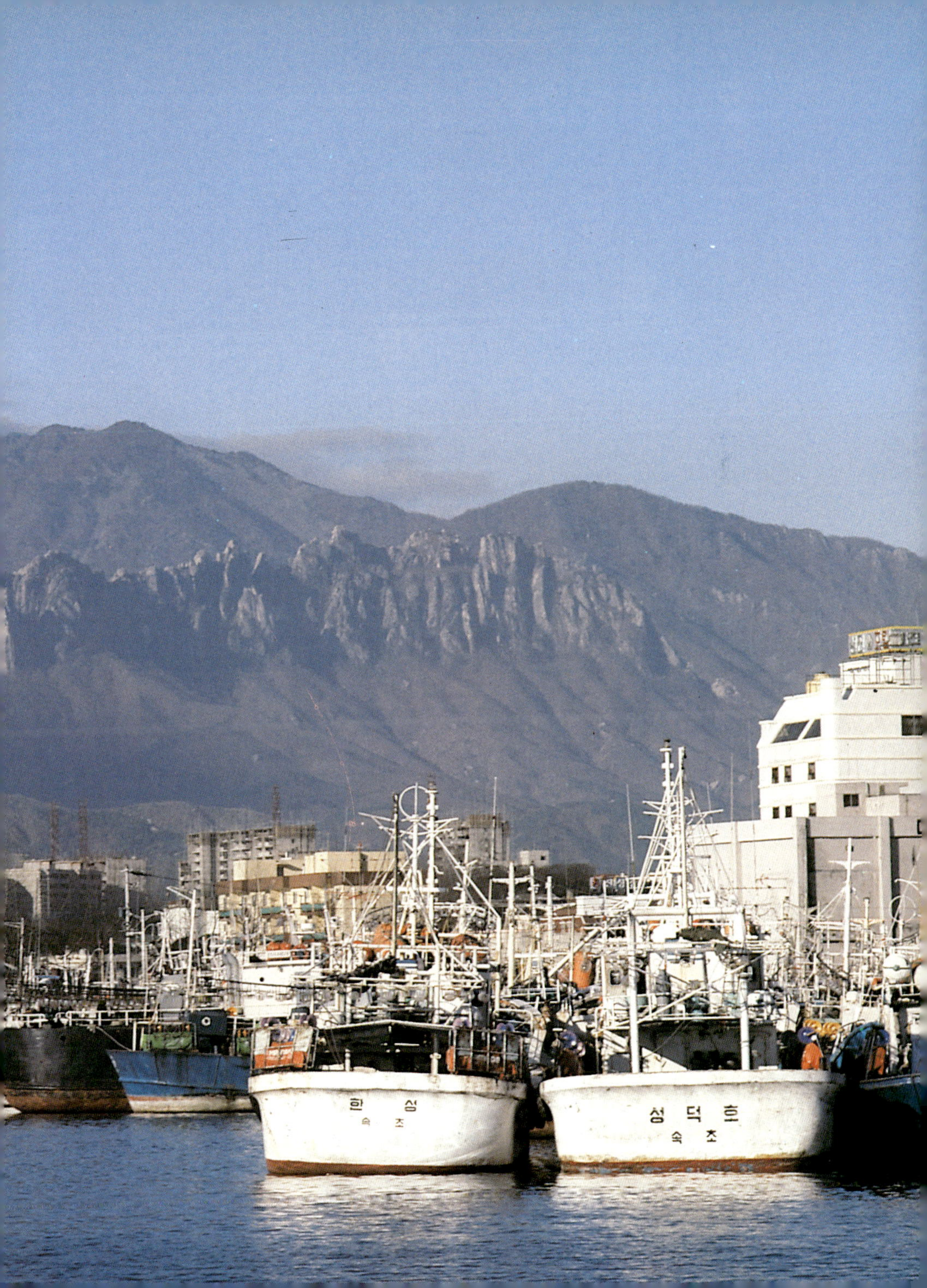
한 성
속 초
성 덕 호
속 초

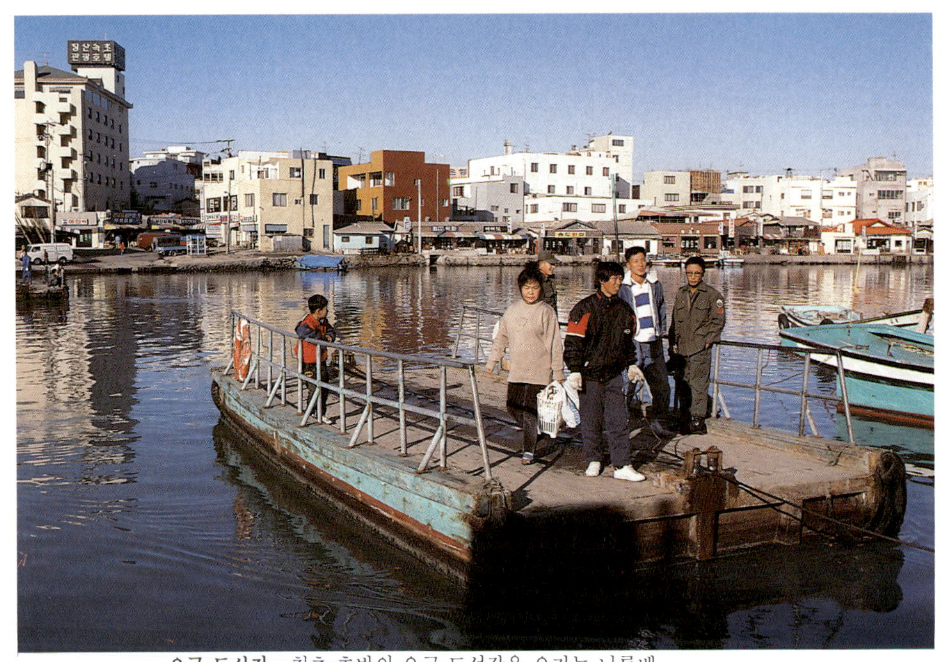

오구 도선장　청초 호반의 오구 도선장을 오가는 나룻배

는 호수라기보다는 항구 구실을 하기에 내만이라고 함이 더 정확하다. 청초호 어귀인 모래톱에 이루어진 마을이 청호동인데 주민들은 시장에나 이춘을 한 적에 청초호를 가로질러서 나룻배를 타고 속초시 수산업 협동 조합 어물 위판장 옆에 있는 도선장에 내려서 시내로 들어간다. 이 도선장은 오구(五區) 도선장, 갯배나루라 하는데 너비가 90미터 정도이고 현재도 나룻배가 다니고 있다.

　이중환은 「택리지」에서 "양양청초호여경개화렴(襄陽青草湖如鏡開畫奩)"이라 하여 그 맑음을 나타냈으나 현재는 속초시의 하수도 오수 및 호반에 널려진 소규모 하천의 공장 폐수, 고깃배에서 흘러

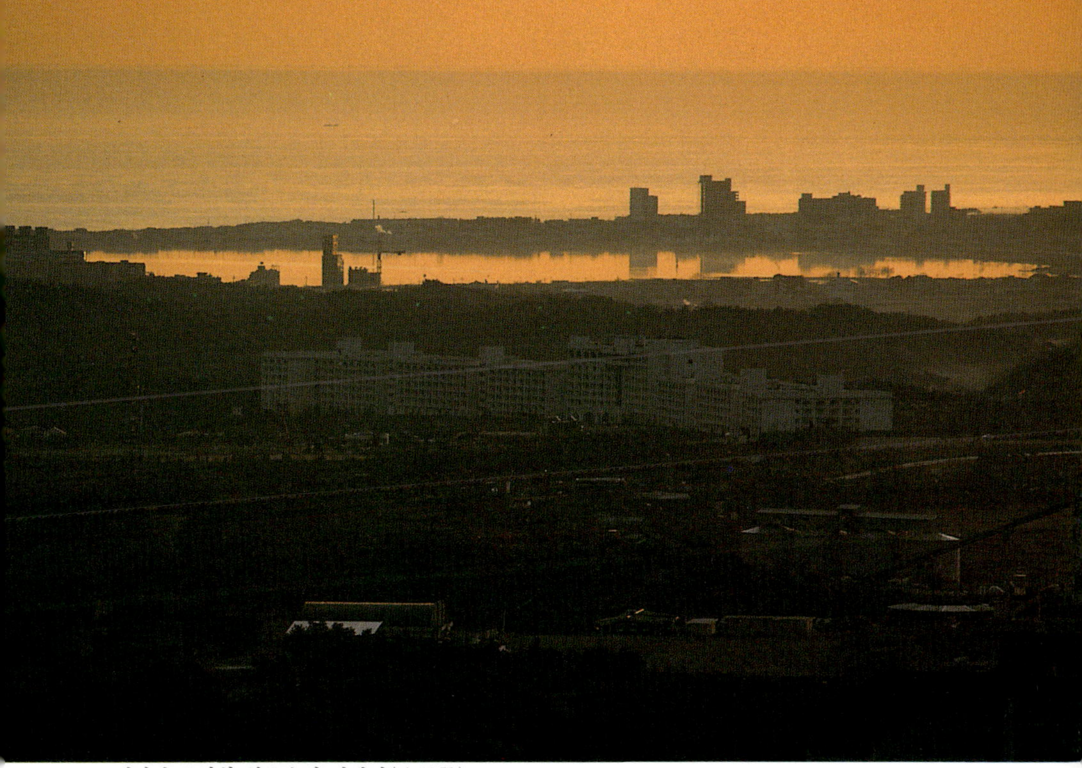

멀리서 조망한 청초호의 새벽녘(오른쪽)

나오는 기름 등으로 적조 현상이 일어나는 등 완전히 오염되었다.
　옛날에는 숭어, 감성돔, 황어, 전어, 청어 같은 바닷고기의 산란장
이었던 곳이었으나 현재는 기형의 물고기가 잡히고 있다.
　옛날에는 속초시가 양양군(襄陽郡) 소천면(所川面) 속초리(束草
里)였기에 옛기록에는 '양양청초호'로 나온다.

우포(牛浦)

　낙동강 중류인 경상남북도 경계에서부터 창녕과 남지 사이의 낙동강변에는 배후 습지성 호수가 집단적으로 분포한다.

　낙동강 왼쪽의 호수들은 지(池)로, 오른쪽 호수들의 북쪽은 호(湖)로, 남쪽은 포(浦)로 명명되어 있다.

　남한의 자연적인 내륙 호수 가운데 규모가 가장 큰 우포는 경남 창녕군 유어면 대대리에 위치하고 있으며 이방면, 대합면과 접하고 있다. 우포는 넓이 1.655제곱킬로미터, 둘레 7.5킬로미터, 최장경 3.1킬로미터, 최단경 0.3킬로미터이다.

　우포는 북부 지역에 남북으로 길게 놓여 있는 나무벌(木浦)와 토평 제방을 사이에 두고 연결되어 ㄴ자 모양으로 놓여 있다. 북동쪽에는 갈대밭을 사이에 두고 연이어 사지포가 있다. 평상시에는 우측의 사지포와 북쪽의 나무벌에서 소량의 물이 유입되고 있다.

　우포는 현재 많은 부분이 토사로 퇴적되어 있어서 갈수기에는 수심이 0.5 내지 1미터 이내의 소택지 형태를 취하고 있으나 여름철 우기에는 5미터까지 수위가 상승하여 호수 형태를 취하고 있다.

　우포는 낙동강의 소지류에 형성된 배후 습지성 호수로 북동쪽의 사지포(沙旨浦), 북쪽의 목포, 서남쪽의 호포(弧浦), 가항(加項)늪, 남쪽의 수실벌, 앞벌, 팔락늪 등과 함께 인근에 호수군을 이루고 있다.

　토평천은 평소 하중의 운반량이 적으며 홍수 때에는 역수(逆水) 현상에 의해서 대하천인 낙동강의 물이 소하천인 토평천의 골짜기를 따라 거슬러 올라가면서 퇴적물을 쌓았기 때문에 물의 일부가 남아서 배후 습지성 호수가 되었다.

　우포도 전에는 홍수 때 낙동강 물이 역류하여 수심이 깊어지고 평수 때에는 낙동강으로 자연 배수되어 수심이 낮아졌었다. 이런

습지성 호수를 '벌'이라 하는데 우포도 '소벌'을 한자로 나타낸 것이
다. 곧 우포 북쪽에 위치한 산세가 소의 형상을 하고 있고 그 목덜미
부위에 해당하는 곳에 위치한 산을 우항산(牛項山)이라 한다. 그리
고 이 산 밑에 있는 마을을 소목(牛項)이라 하고, 이 소목 앞에 있는
습지성 호수를 소벌이라 한다.

그림3. 남한의 주요 자연호

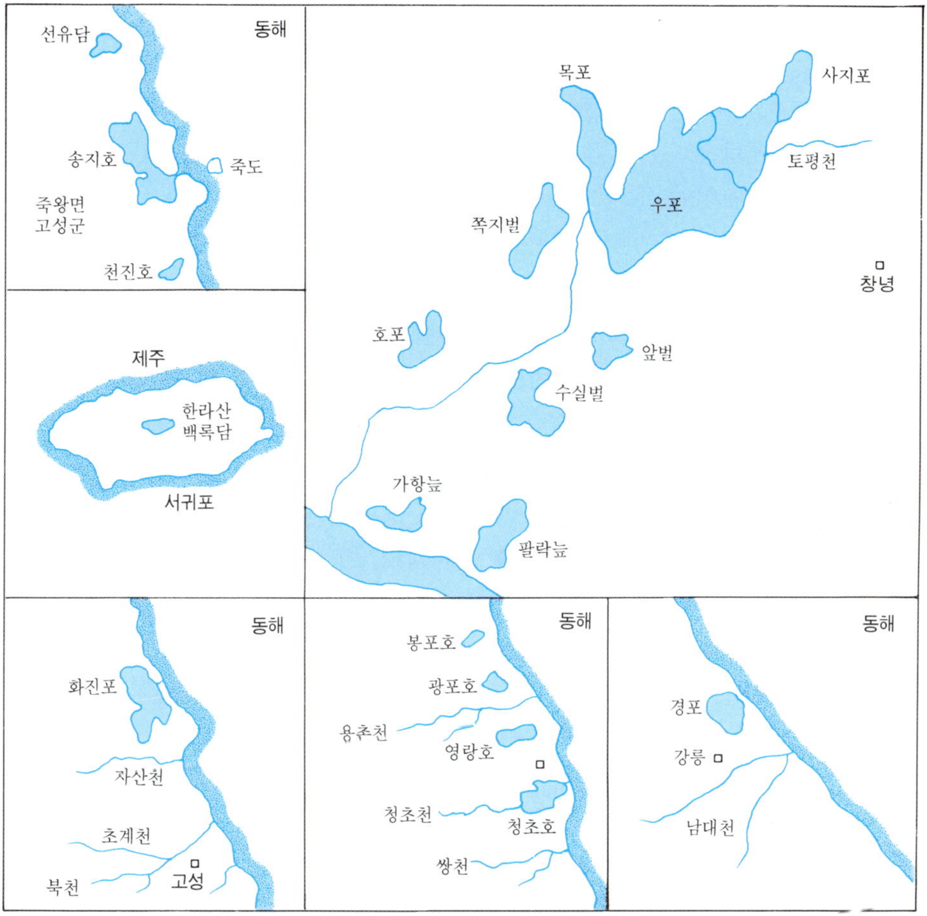

배후 습지성 호수들은 시간이 흐름에 따라 소택지화(沼澤地化)되고 있으며 많은 곳에서 인공 제방을 쌓아 낙동강의 홍수 때 하천 유입을 막고 배수를 하고 개답하여 논으로 경지화되어서 지도상에서 소멸된 곳이 많다.

우포도 전체적으로 토사의 퇴적으로 수심이 얕아 갈대를 비롯하여 노랑머리연꽃, 몰옥잠, 마름, 줄, 개구리밥, 생이가래, 나사말 등의 수생 식물이 많이 자생하고 있어 현재 급속히 소택지화되고 있다.

우포는 1962년 12월 3일에 천연기념물 제15호로 백조 도래지로 지정되었으나 1973년 7월 19일 해제된 바 있는데, 현재도 천연기념물 제210호인 큰고니를 비롯하여 고방오리, 청둥오리, 알락오리, 청머리오리 등 철새들이 많이 날아든다.

호변의 소목 부락에서는 자기 소유 토지가 거의 없고 자작논이라고 해도 물에 침수되는 '물찬등이'논이며 우포와 목포에서 물고기를 잡아 생계의 일부를 보태고 있다.

소목 부락의 10여 가구가 배를 타고 우포와 목포에서 붕어, 가물치, 꼬딩이(고둥) 등을 잡아다 인근 장에 나가 판다. 이 가운데 2가구는 고기잡는 일을 전업으로 한다. 따라서 '소목에서는 벌(소벌, 나무벌) 아니면 못 산다'라는 자조적인 말이 전하고 있으며 주민들이 생활의 일부나마 '벌'에 의존해서 살고 있다.

우포에는 이 밖에도 뱀장어, 황어, 모래무지, 웅어, 긴몰개, 누치, 잉어, 흰줄납줄개, 미꾸라지, 메기 같은 물고기가 있다.

1987년 환경청 조사에 의하면 우포는 수소 이온 농도가 7 내지 8 정도, 생물화학적 산소 요구량이 2 내지 3mg/l, 화학적 산소 요구량이 2~4mg/l, 경도는 200mg/l로 나타났다.

참고 문헌

「道·郡·邑·面誌」
「海東繹史」
「擇里志」
「新增東國輿地勝覽」
「世宗實錄地理志」
한글학회「한국지명총람」(강원편) 1989.
國立地理院「韓國地誌 Ⅱ」(강원편) 1984.
李泳澤　「韓國의 地名」태평출판사, 1986.
姜錫午　「新韓國地理」새글사, 1971.
高太宇　「北의 山川」집현전, 1989.
한국관광공사「북한의 관광자원」1991.
이홍섭　「지리상식백과」과학백과사전출판사, 1986.
한국관광공사「한국관광자원총람」1985.
北韓硏究所「北韓總覽」1983.
김추윤　'韓國의 自然湖水'한국지리교육학회 학회보 제14호, 1991.
權赫在　'洛東江 下流地方의 背後濕地性 湖沼'지리학 제14호, 1976.
______　'韓國의 河川과 沖積地形', 고려대교육논총 제1편, 1974.
金萬亭　'南江 下流 背後濕地性 湖沼의 發達過程'효성여대논문집 제27
　　　　집, 1983.
曺華龍 外　'三浪津周邊平野의 地形發達'지리학 제23호, 1981.
吳建煥　'鏡湖의 지형학적 연구'강릉교대논문집 제2집, 1970.
______　'한국 동해안의 Tombolo와 Lagoon에 관하여'경북대 대학원
　　　　논문집, 1967.
______　'한국 동해안의 Tombolo에 관한 연구'마산교대논문집 제2집,
　　　　1971.
權赫在　「韓國地理」法文社, 1987.
______　「地形學」法文社, 1984.

빛깔있는 책들 301-10

한국의 호수

글	—— 김추윤
사진	—— 손재식
회장	—— 장상문
발행인	—— 차민도
발행처	—— 주식회사 대원사
주간	—— 박찬중
편집	—— 김한주, 신현희 조은정, 황인원
미술	—— 윤용주, 윤봉희
사식	—— 육세림, 이규헌
첫판 1쇄	—— 1992년 6월 12일 발행
첫판 2쇄	—— 1994년 8월 30일 발행

주식회사 대원사
우편번호/120-180
서울 서대문구 창천동 506-27
전화번호/(02) 323-5511
팩시밀리/(02) 323-5611
등록번호/제 3-191호

값 8,500원

ISBN 89-369-0126-5 00990